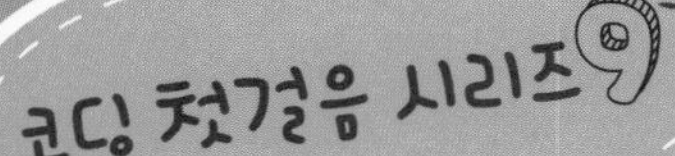

Python Programming
터틀부터 게임 개발까지

이영준 이은경 최정원 안상진 지음

(주)교학사

이 책을 집필하신 분들

이영준

미국 미네소타대학교에서 전산학 박사학위를 취득함. 박사학위 취득 후 1994년부터 2003까지 대기업/벤처 기업 연구소와 사업부에서 다양한 프로젝트를 수행하였으며, 2003년부터 한국교원대학교 컴퓨터교육과 교수로 재직중임. 초 · 중등 교육에 컴퓨팅 사고력 도입을 위한 기초 연구, 창의적 소프트웨어 인재 양성을 위한 초 · 중등 학생 및 교사 교육 프로그램 개발 연구 등 소프트웨어 교육을 위한 다양한 연구의 책임을 맡고 있으며, 정보과 교육과정 개발, 정보 교과서, 교재 및 저서 집필 경험이 풍부하며 소프트웨어 교육의 질 향상을 위한 활발한 국내외 학술 교류 활동을 하고 있음.

이은경

한국교원대학교에서 컴퓨터교육 박사학위를 취득함. 1998년부터 2010년까지 중 · 고등학교 정보 · 컴퓨터 교사로 재직하였음. 2011년 연세대학교 교육대학원 컴퓨터교육 전공 특임교수를 역임하고, 2012년 미국 펜실베니아 대학교 학습과학연구팀에 참여하여 MIT 미디어랩, 하버드대학교 연구팀과 함께 스크래치 2.0 개발 연구에 참여함. 현재 한국교육과정평가원에서 부연구위원으로 재직 중이며 2015 개정 정보과 교육과정 시안 개발 연구 등 다양한 소프트웨어 교육 확산을 위한 정책 연구에 참여 중임.

최정원

한국교원대학교에서 정보영재교육 박사학위를 취득함. 현재 중학교 정보교사로 재직하고 있으며, 한국컴퓨터교육학회 이사, EBS 소프트웨어 콘텐츠 제작 자문진, 교육부 및 과학기술정보통신부 정보교사 대상 연수 기획 및 강사, 한국비버챌린지 교사위원으로 활동중임. 2015 개정 교육과정 중학교 및 고등학교 정보 교과서, 카이스트 영재교육원 교재 등을 비롯하여 컴퓨터 교육을 위한 국내외 다수의 저서 및 논문을 편찬함.

안상진

한국교원대학교에서 컴퓨터교육 박사학위를 취득함. 2003년부터 현재까지 중학교 정보 교사로 재직하고 있으며 미래부와 한국과학창의재단에서 추진한 중학교와 고등학교 소프트웨어 교육을 위한 교재를 비롯하여 국내외 소프트웨어 역량 강화를 위한 다양한 저서를 집필함. 소프트웨어 교육 확산을 위한 소프트웨어교육 선도학교 및 연구학교 프로그램을 운영하고 학생 및 교사 소프트웨어 역량 강화를 위한 다양한 연수 프로그램에서 강사로 활동함.

머리말

정보 기술은 우리의 삶과 여러 학문의 발전에 없어서는 안 될 중요한 부분으로 자리 잡아 사회의 많은 변화를 이끌어내고 있다. 미래 사회는 고도화된 정보 기술을 중심으로 여러 분야가 융합되는 시대가 될 것이라고 한다. 많은 직업들이 정보 기술을 중심으로 운영될 것이며 정보 기술이 영향을 미치지 않는 분야는 없을 것이다.

이러한 미래 사회를 살아가기 위해서는 어떤 능력을 갖추어야 할까? 수많은 학자들이 21세기를 살아가는 학습자들이 갖추어야 할 기초 소양중 하나로 '프로그래밍을 통한 문제해결력'을 꼽고 있다. 프로그래밍은 사람이 일일이 수행하기에 번거로운 일, 사람이 해결하기 어려운 복잡한 문제들을 컴퓨터가 해결할 수 있도록 만든다. 읽기, 쓰기, 셈하기가 20세기의 필수적인 소양이었다면 프로그래밍은 새로운 시대의 필수 역량이 될 것이다.

본서는 널리 사용되고 있는 프로그래밍 언어 중 하나인 Python에 대해 다룬다. Python은 다른 프로그래밍 언어에 비해 문법이 상대적으로 쉬우면서도 실제 사용률도 높은 프로그래밍 언어이다. 본서는 Python을 학습하기 위한 여러 가지 방법을 중등학교, 교육 연구기관, 대학의 교육 전문가들이 현장에서 쌓은 노하우들을 바탕으로 제시하였다. 또한 2015 개정 고등학교 정보과 교육과정에서 제시하는 텍스트 기반 프로그래밍을 Python을 활용하여 보다 재미있고 쉽게 배운 후 다양한 문제를 해결하는 데 활용해보도록 구성하였다.

본서는 1부와 2부로 나뉜다. 1부는 Python 기초를 학습하는 부분으로 1장에서는 Python의 탄생 배경과 특성, Python 통합 개발 환경과 특징들을 살펴보고, 2장에서는 터틀을 이용하여 간단한 그림을 그려보면서 Python을 체험하도록 하였다. 3장은 2015 개정 고등학교 정보과 교육과정에서 다루는 프로그래밍 개념과 원리를 실생활 문제와 연결하여 학습할 수 있도록 구성하였고, 4장은 다양한 문제를 해결하기 위한 계획을 수립하고 실제 프로그래밍을 수행하는 문제 해결 경험을 제공하였다. 2부는 Python 응용 부분으로, 5장은 Python을 활용하여 그래픽 게임을 제작해보고, 6장은 사용자가 실생활에 필요한 GUI 응용 프로그램을 제작해보도록 구성하였다.

본서를 통해 Python에 관심을 가진 많은 사람들이 프로그래밍을 쉽고 재미있게 배워 창의적이고 생산적인 문제해결능력을 갖추기를 기대한다.

저자 일동

차 례

차례

Part 1

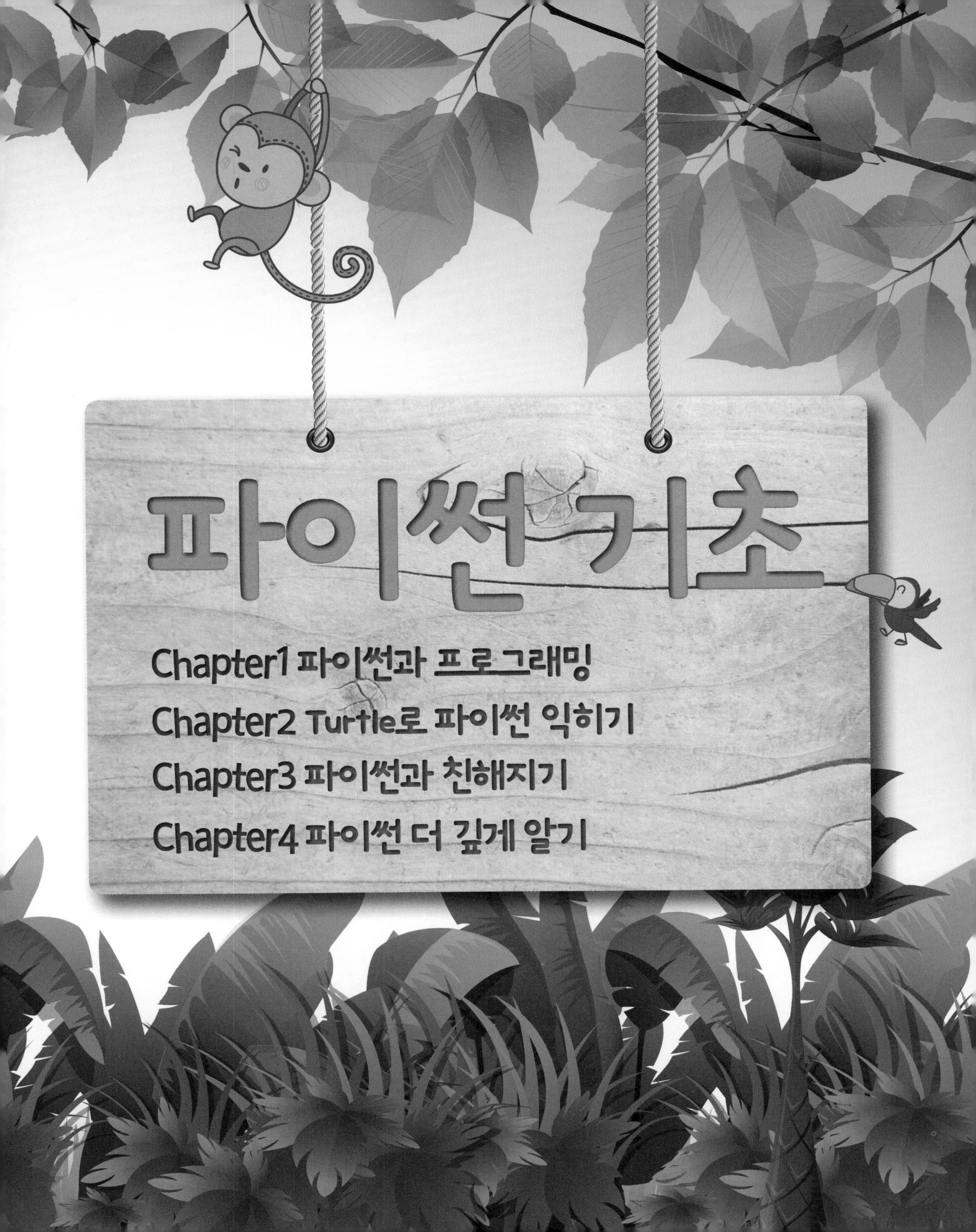
파이썬 기초
Chapter1 파이썬과 프로그래밍
Chapter2 Turtle로 파이썬 익히기
Chapter3 파이썬과 친해지기
Chapter4 파이썬 더 깊게 알기

Chapter 1

파이썬과 프로그래밍

프로그래밍은 상상을 현실로 옮길 수 있는 가장 강력한 도구라고 한다. 그렇다면 프로그래밍과 프로그래밍 언어는 무엇인지, 우리가 이 책을 통해 배울 파이썬은 어떻게 사용하는 것인지 이 장에서 알아보자.

비행 모드 전환()
진행 방향(50°)
진행 속도(100km/h)

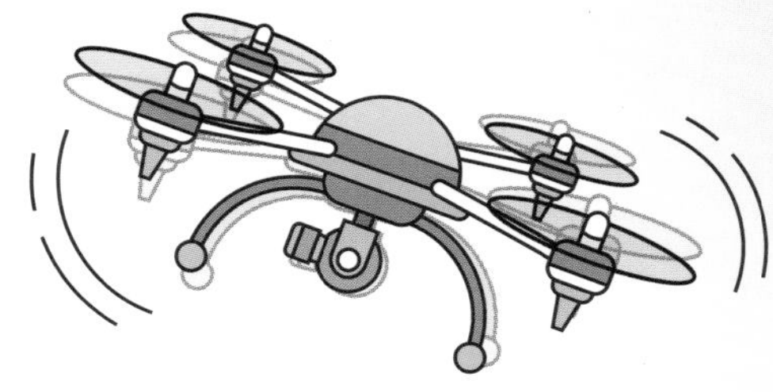

프로그램과 프로그래밍의 의미

프로그래밍 언어의 의미

파이썬 프로그래밍 언어와 프로그래밍 환경 설정

컴퓨터 프로그램이란?

우리는 컴퓨터에 설치된 다양한 컴퓨터 프로그램을 사용하고 있다. 컴퓨터 프로그램을 사용하면 많은 시간과 노력이 필요한 작업들을 빠른 시간에 완료할 수 있다. 이러한 놀라운 능력을 가진 컴퓨터 프로그램은 컴퓨터가 직접 생각하고 판단하여 작업을 수행하는 것일까?

컴퓨터 프로그램은 컴퓨터가 스스로 생각하고 작업을 수행하는 것이 아니라 사람이 내린 명령 순서에 따라 수행된다. 대부분의 사람들은 컴퓨터가 매우 똑똑하다고 생각하지만 사실은 우리가 지시한 명령을 빠르고 정확하게 따르는 기계일 뿐이다. 우리가 내리는 명령은 프로그램이 되는 것이고, 우리가 명령을 내리면 원하는 작업을 명령대로 수행하는 것이 컴퓨터이다.

컴퓨터는 스스로 판단하여 작업을 하지 못한다. 사람이 명령을 순서대로 수행할 뿐이다.

우리가 작업 지시를 내릴 때, 컴퓨터가 이해할 수 있는 형태와 순서로 표현해야 한다. 이때 사람이 사용하는 도구가 바로 프로그래밍 언어이다.

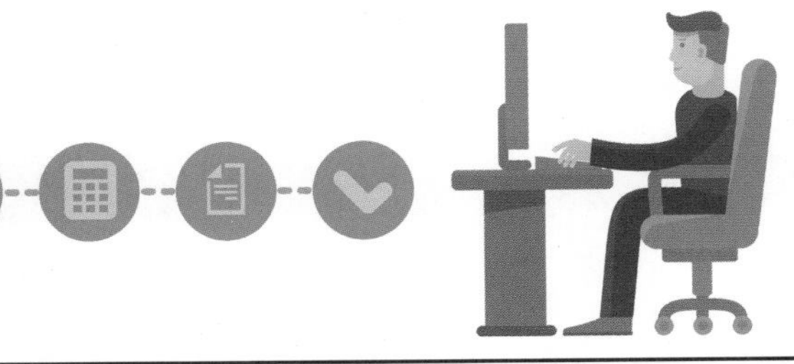

컴퓨터는 프로그래밍 언어로 작성된 명령을 숫자 0과 1로 구성된 2진법 형태로 번역한 후, 지시대로 작업을 수행한다.

미로를 빠져나오라고 명령할 때, 사람에게는 "출구로 나와."라고 하면 되지만 컴퓨터에게는 다음과 같이 구체적인 지시를 내려야 한다.

forward(20)	→ 20m 직진
left(90)	→ 왼쪽으로 90도 회전
forward(15)	→ 앞으로 15m 직진
right(90)	→ 오른쪽으로 90도 회전
	⋮

프로그래밍 언어란?

소프트웨어를 제작하기 위해서는 다양한 컴퓨터 관련 지식이 필요하지만, 무엇보다도 프로그래밍 언어가 소프트웨어 제작에서 가장 기본적이고 필수적이다. 프로그래밍 언어는 컴퓨팅 시스템이 작업을 수행할 수 있도록 명령을 내릴 때 사용하는 도구라고 생각하면 된다. 우리가 외국인과 대화하기 위해 한국어나 외국어를 사용하듯이, 컴퓨팅 시스템과 소통하기 위해서는 컴퓨터가 이해할 수 있는 프로그래밍 언어를 사용해야 한다.

현재 많이 사용되고 있는 프로그래밍 언어는 다음과 같다.

JAVA

JAVA는 1991년에 개발된 대표적인 객체지향프로그래밍 언어이다. JAVA의 대표적인 특징은 한 번 개발한 코드를 플랫폼에 관계없이 사용할 수 있도록 설계되었다는 점이다. 현재 안드로이드와 웹 애플리케이션(앱) 개발의 주요한 언어로 사용되고 있어, 가장 활발히 사용되고 있는 프로그래밍 언어 중 하나이다.

C

C는 1971년에 개발된 대표적인 고급 프로그래밍 언어이다. 프로그래밍 언어를 말하면 바로 'C'가 떠오를 정도로 오래되고 가장 유명한 프로그래밍 언어로, 간략한 문법과 강력한 기능을 가진 언어이기 때문에 컴퓨터에서 사용하고 있는 대다수의 프로그램이 C 언어로 제작되었다. 최근에는 객체지향 개념을 도입한 C++, C# 등의 확장된 언어도 사용되고 있다.

Python

Python은 1991년 개발된 고급 프로그래밍 언어이다. Python은 플랫폼이 독립적이고 인터프리터 방식이다. 프로그래밍 입문자나 비전공자들도 이해할 수 있을 정도로 문법이 간결하고 코드의 가독성이 높으며, 다양한 라이브러리를 지원하여 필요한 기능을 찾아 사용하기 쉽다는 장점을 가지고 있어 인기가 높은 언어이다.

파이썬(Python)이란?

우리는 앞서 소개된 프로그래밍 언어 중 파이썬(Python)을 사용하여 프로그래밍을 할 것이다. 우리가 파이썬을 사용하는 이유는 다음과 같다.

1 파이썬은 배우기 쉽다!

파이썬은 코드를 읽기도 쉽고 작성하는 것도 어렵지 않아 다른 프로그래밍 언어에 비해 배우고 익히기가 쉽다. 뒤이어 다시 설명하겠지만 파이썬은 다른 언어들에 비해 프로그램 작성이 간단하여 활용도와 프로그래밍 접근성이 높다.

2 다양한 라이브러리를 사용할 수 있다!

라이브러리는 이미 프로그램으로 만들어져 저장되어 있는 '코드 모음들'을 뜻한다. 따라서 내가 필요한 코드들이 파이썬 라이브러리에 있다면 프로그래밍을 새로 짤 필요 없이 필요한 라이브러리를 불러 쓰면 된다. 이러한 점은 길고 복잡한 프로그램을 빠르고 간결하게 작성할 수 있도록 한다.

3 활용도가 높다!

입문자 외에 개발자들이 새로운 프로그램에 대한 아이디어를 간단히 구현하거나 다른 언어로 작성된 프로그램의 연결 언어로 파이썬을 사용하고 있다. 웹 개발이나 수학, 과학 등의 문제 해결 과정에도 활용되고 있다. 이미 구글, 미국 항공우주국, 픽사 등의 여러 기업과 단체에서 파이썬을 공식적으로 사용하고 있다.

JAVA

```
public class HellowWorld {
    public static void main(String[] args) {
        System.out.println( " Java is powerful!);
    }
}
```

C

```
# include <stdio.h>
main(){
    printf( " C is powerful! " );
}
```

Python

```
print( " Python is powerful! " )
```

▲ 프로그래밍 언어의 비교하면 동일한 글자를 출력하는 코드를 파이썬으로 가장 짧게 작성할 수 있다!

파이썬 시작하기

파이썬으로 프로그래밍을 하기 위해 컴퓨터에 설치해 보자. 파이썬은 무료 프로그램이며 여러 운영체제에서 사용할 수 있다. 현재 파이썬은 2.x 버전과 3.x 버전이 있다. 현재는 파이썬 2 버전으로 개발된 프로그램을 종종 볼 수 있지만 2020년에 2 버전의 지원이 종료될 예정이므로 이 책에서는 파이썬 3 버전으로 학습하도록 하자.

1 아래 파이썬 웹 사이트 주소로 접속한다.

2 [Downloads] 메뉴를 클릭한 후, 그림과 같이 표시된 박스를 클릭하여 설치 파일을 다운로드받는다.

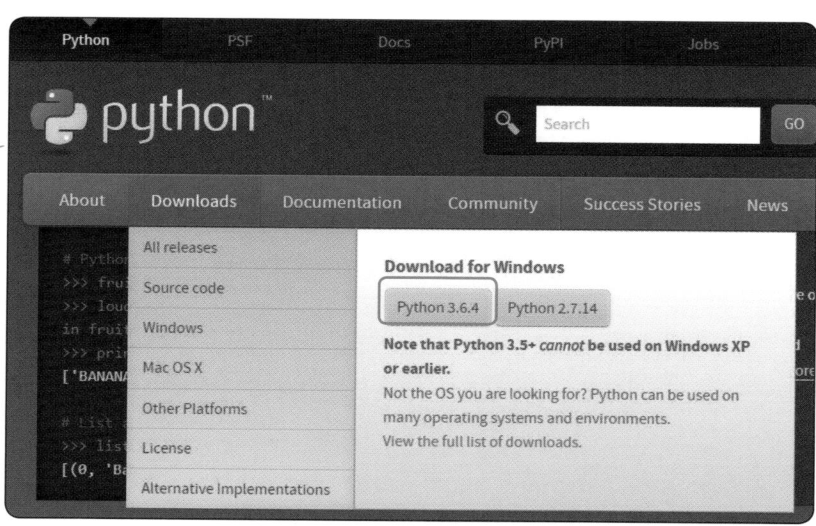

3 그림과 같이 표시된 'Install Now'를 클릭한 후, 설치를 진행한다. 설치는 자동으로 진행되니 끝날 때까지 기다린다.

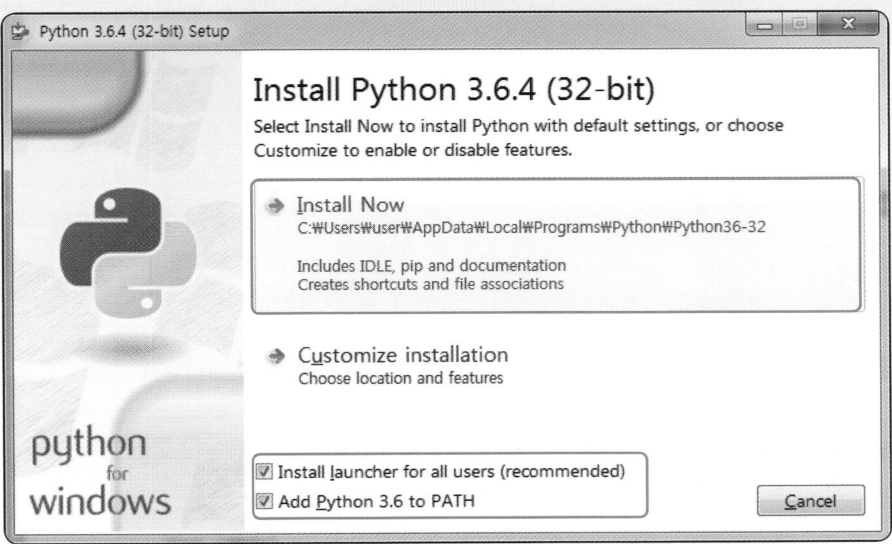

4 파이썬을 설치한 후, 윈도우 시작 메뉴에 그림과 같은 파이썬 관련 메뉴가 생성된다.

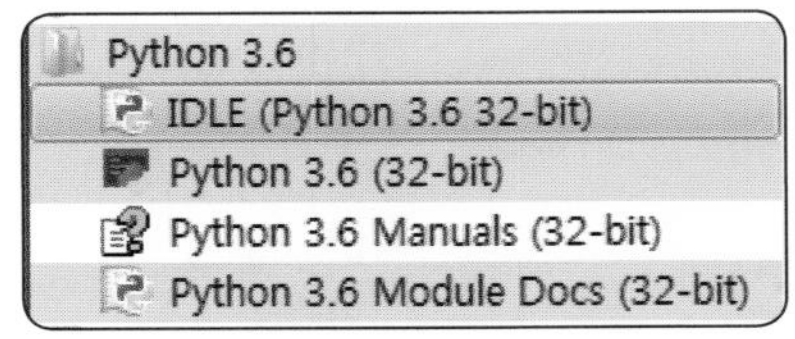

2 버전과 3 버전은 자료형, 문법, 내부 처리 과정이 다른 부분이 있어 코드가 호환되지 않는다. 현재 (2018년 3월 기준) 파이썬 3 버전의 최신판은 3.6.4이다. 이 버전은 시간이 지나가면 업데이트 될 수 있기 때문에 자신이 원하는 버전을 선택하여 사용하면 된다.

통합 개발 환경(IDLE)

파이썬의 통합 개발 환경(IDLE)은 파이썬에서 프로그램을 작성하고 실행하는 것을 편리하게 할 수 있도록 도와준다.

1 IDLE 실행하기

'IDLE(Python 3.6)'을 실행한다. IDLE은 '쉘(Shell)' 창과 '코드(Code)' 창에서 프로그램을 작성할 수 있다.

2 쉘(Shell) 창 실행하기

파이썬 IDLE를 클릭하면 다음과 같은 쉘 창이 열린다.

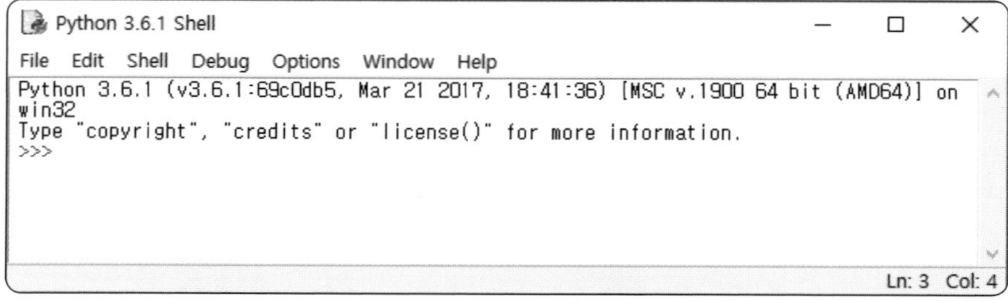

쉘 창에 다음과 같은 코드를 입력하여 결과를 확인해 보자.

주로 쉘 창은 간단한 테스트나 프로그램의 실행 결과 확인, 프로그램 에러 등을 보여줄 때 사용되며, 프로그램을 작성할 때에는 잘 사용되지 않는다.

```
Python 3.6.1 Shell
File  Edit  Shell  Debug  Options  Window  Help
Python 3.6.1 (v3.6.1:69c0db5, Mar 21 2017, 18:41:36) [MSC v.1900 64 bit (AMD64)] on
win32
Type "copyright", "credits" or "license()" for more information.
>>> 1+1
2
>>> print('My Name')
My Name
>>>
                                                          Ln: 7  Col: 4
```

3 코드(Code) 창 실행하기

우리가 자주 사용할 창은 다음과 같은 코드 창이다. 메뉴에서 [File] – [New File]을 선택하여 코드 창을 열 수 있다.

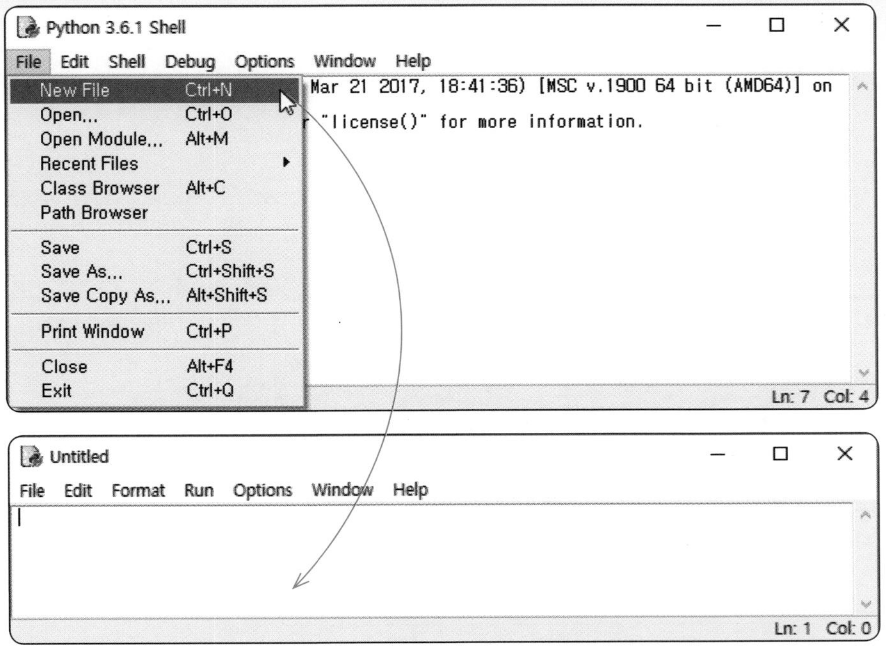

쉘 창에서는 한 줄을 입력하고 엔터를 칠 때마다 명령이 실행되지만, 코드 창에서는 여러 명령을 모아 한꺼번에 처리하게 된다. 다음 코드를 입력하고 쉘 창과 비교해 보자.

Untitled

File Edit Format Run Options Window Help

```
print(1+1)
print('My Name')
```

Ln: 2 Col: 16

코드 창에서 프로그램을 실행하기 위해서는 [Run] 메뉴에서 [Run Module]를 클릭한다.

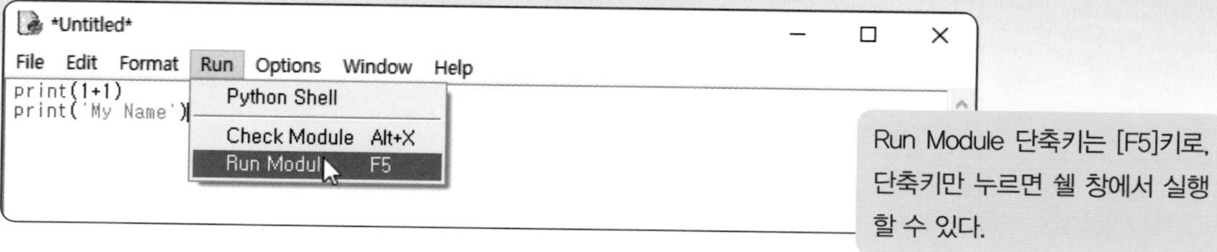

Run Module 단축키는 [F5]키로, 단축키만 누르면 쉘 창에서 실행할 수 있다.

다음과 같이 '저장이 반드시 필요하므로 확인 버튼을 누르라'는 메시지가 등장한다. [확인]을 누른 후, "0001"이라는 이름으로 저장해 보자.

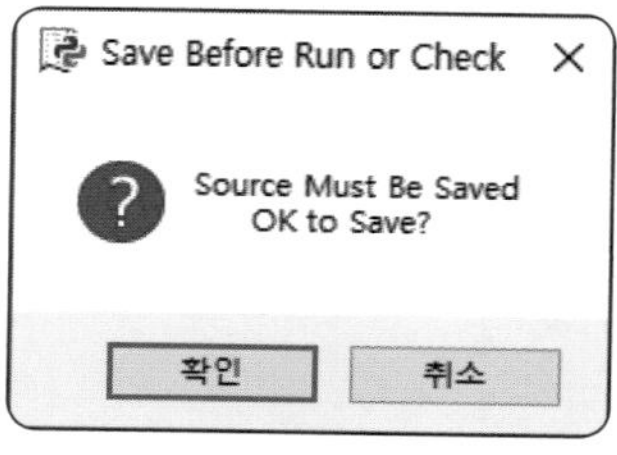

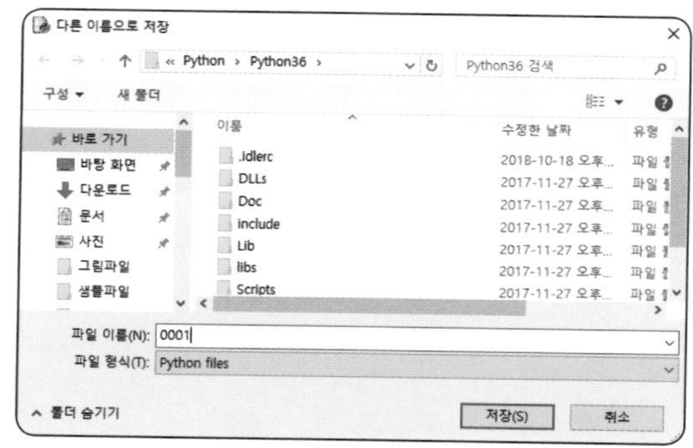

저장한 후, 다음과 같이 쉘 창에 결과가 나타난다. 쉘 창에서 직접 명령어를 입력하여 실행했을 때와는 조금 다른 결과 화면이 나타난다.

```
Python 3.6.1 Shell
File Edit Shell Debug Options Window Help
Type "copyright", "credits" or "license()" for more information.
>>> 1+1
2
>>> print('My Name')
My Name
>>>
=== RESTART: C:/Users/admin/AppData/Local/Programs/Python/Python36/0001.py ===
2
My Name
>>> |
                                                        Ln: 11  Col: 4
```

코드 창은 어떤 경우에 사용하고, 쉘 창은 또 어떤 경우에 사용하는 것이 좋을까?

코드 창은 프로그램을 만들기 위한 코드를 한꺼번에 입력한 후, 저장하고 실행할 때 사용한다. 우리는 주로 코드 창에서 프로그래밍을 할 것이다.

코드 창은 다음과 같은 특징이 있다.

- 긴 프로그램을 작성해야 할 때 수정이 가능하다.
- 반복되는 명령어들을 또 다시 입력해야 하는 번거로움을 줄일 수 있다.
- 작성한 프로그램을 실행하려면 반드시 저장해야 한다.

코드 창에 다음과 같은 프로그래밍 연습해 보자.

❶ 코드 창에 아래의 코드를 입력한다.

```
a=10 #변수 a에 10을 저장
b=20 #변수 b에 20을 저장
print (a+b) #a와 b를 더한 결과를 출력
print (a-b) #a와 b를 뺀 결과를 출력
print (a*b) #a와 b를 곱한 결과를 출력
print (a/b) #a와 b를 나눈 결과를 출력
```

❷ 프로그램을 실행시킨 결과를 다음과 같이 쉘 창에서 확인할 수 있다.

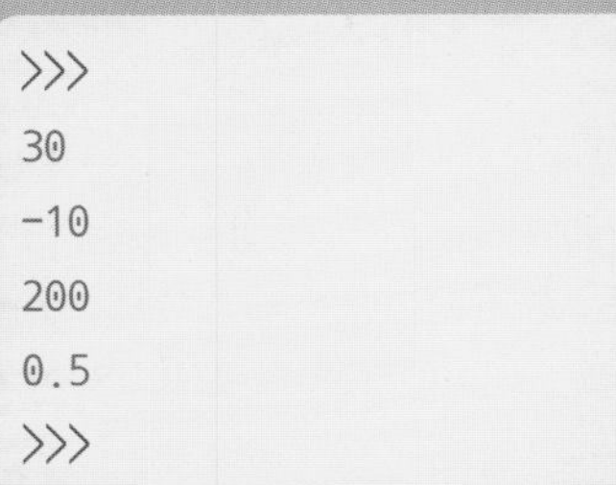

```
>>>
30
-10
200
0.5
>>>
```

쉘 창은 코드를 입력하고 엔터를 누르면 그 결과를 즉각적으로 확인할 수 있어 입력한 명령어가 어떤 의미를 가지는지 그리고 어떻게 실행되는지 바로 알 수가 있다.

쉘 창은 다음과 같은 특징이 있다.

- 명령어가 어떻게 동작하는지를 빠르게 확인할 수 있다.
- 명령어를 저장하지 않아도 된다.
- 긴 코드를 작성할 때 수정이 어렵다.
- 반복되는 코드를 작성할 때 다시 타이핑을 해야하는 번거로움이 있다.

쉘 창에 다음과 같은 프로그래밍 연습해 보자.

❶ 쉘 창에 아래의 코드를 입력하고 [Enter]를 눌러 결과를 확인한다.

```
>>> a=10
>>> b=20
>>> a+b
30
>>> a-b
-10
>>> a*b
200
>>> a/b
0.5
```

❷ 쉘 창에서 a+b와 print(a+b)는 동일하다.

```
>>> a+b
30
>>> print (a+b)
30
```

쉘 창에서 a+b의 실행 결과와 print (a+b)의 실행 결과는 같다. 하지만 코드 창에서 a+b를 입력하면 쉘 창에서의 a+b의 결과인 30이 나타나지 않는다.

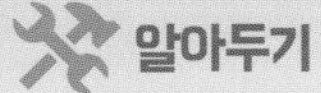

알아두기

파이썬 이야기

파이썬의 로고를 들여다 보면 두 마리의 뱀으로 이루어져 있다. 그 이유는 '파이썬'이라는 단어가 그리스 신화에서 아폴론이 죽인 퓌톤(Python)을 영어로 발음한 것과 동일하기 때문이다.

파이썬의 로고는 그리스 신화의 퓌톤에서 따왔지만, '파이썬'이라는 이름은 파이썬을 만든 프로그래머 귀도 반 로섬(Guido van Rossum)이 좋아하는 코미디 프로그램인 '몬티 파이썬의 비행 서커스(Monty Python's Flying Circus)'에서 유래되었다. 이 TV 프로그램은 귀도 반 로섬이 좋아하는 프로그램이었으며, 그 주인공의 이름이 파이썬이었다고 한다.

파이썬을 귀도 반 로섬이 크리스마스 주간에 '심심해서' 만들었다고 하지만, 대학에서 파이썬은 프로그래밍 개론 강의용으로 사용되고 있을 정도로 중요해졌고, 최근에는 삼성전자에서 대졸 공채 시험에 파이썬을 추가할 정도이다. 또한 구글, 인스타그램을 비롯한 많은 소프트웨어 회사에서 파이썬을 적극적으로 활용하고 있다.

이와 같이 다양한 기업과 단체에서 활용되고 있는 파이썬은 '배우기 쉬운' 프로그래밍 입문용 언어를 넘어 컴퓨팅 사고를 요구하는 현 시대에 걸맞는 프로그래밍 언어라고 할 수 있다.

▲ 파이썬의 로고

◀ 신화 속의 퓌톤

Chapter 2

Turtle로 파이썬 익히기

처음부터 파이썬으로 원하는 프로그램을 제작하는 것은 영어를 처음 배우는 학생에게 영문 소설을 쓰라고 하는 것만큼이나 어려운 작업이다. 먼저 파이썬에서 사용되는 터틀(Turtle)을 활용해 프로그래밍 개념과 원리를 알아보자.

터틀(Turtle)은 '거북이'를 뜻하는 단어이지만 파이썬에서는 모듈의 이름이다. 터틀이라는 이름을 가지고 있다고 해서 거북이 모양이 등장하지는 않는다. 오른쪽 그림과 같은 화살표가 등장하며, 우리는 이 터틀을 이용하여 다양한 도형이나 그래프들을 그릴 수 있다.

Turtle로 기본 도형 그리기

Preview

forward(거리) : 설정한 거리만큼 앞으로 이동

backward(거리) : 설정한 거리만큼 뒤로 이동

right(각도) : 설정한 각도만큼 오른쪽으로 회전

left(각도) : 설정한 각도만큼 왼쪽으로 회전

down() : 터틀의 이동 경로 표시

up() : 터틀의 이동 경로 표시 안함

터틀 불러오기

터틀을 제어하려면 먼저, 터틀 모듈을 불러와야 한다. IDLE에서 새 코드 창을 실행시키고 다음과 같은 코드를 입력한다.

```
>>> from turtle import *
```

이 명령은 터틀을 사용할 것이라는 것을 선언하는 문장이며, 선언 이후에 터틀 모듈의 모든 기능을 사용할 수 있다.

터틀로 선 그리기

1 앞으로 이동

코드 창을 실행시켜 다음과 같이 코드를 입력해 보자.

```
from turtle import *
forward(100)
```

두 번째 줄의 forward(100) 명령은 터틀을 앞(forward)으로 100픽셀만큼 이동하라는 명령이다. 코드를 'ex1.py'로 저장하고 실행시키면 다음과 같은 화면이 나타난다.

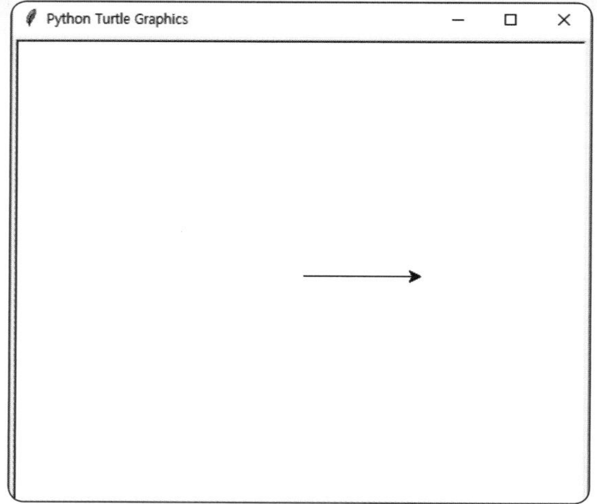

픽셀(Pixel)이란 무엇을 말하는 거지?

픽셀(Pixel)은 컴퓨터 화면을 구성하는 사각형을 가리키는 말이다. 컴퓨터나 사진, 동영상의 해상도를 표현할 때 기본 단위가 된다. 해상도가 2560x1440이라는 말은 가로 2560개의 픽셀, 세로 1440개의 픽셀로 구성된 화면이라는 것을 의미한다. 아래와 같이 화면에 보이는 이미지를 크게 확대해 보면 이미지가 작은 사각형으로 구성되어 있는 것을 확인할 수 있다.

2 뒤로 이동

터틀이 뒤로 가기 위해서는 어떤 명령어를 사용해야 할까? 다음과 같이 코드를 입력해 보자.

```
from turtle import *
backward(100)
```

forward의 반대말인 backward 명령어를 사용한다. backward(100)이라고 입력하면 뒤로 100픽셀만큼 이동할 수 있다. 저장을 하고 실행시키면 다음과 같은 화면이 나타난다.

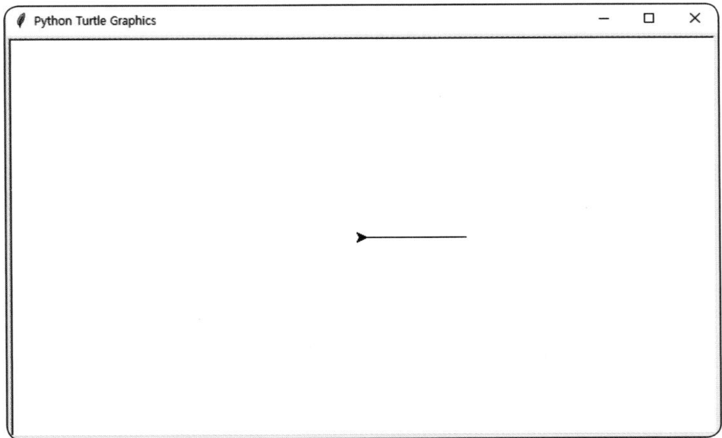

3 좌우로 회전

이번에는 터틀을 위쪽과 아래쪽으로 움직여 보자. upward(), downward()라는 명령어를 사용하면 될까? 터틀의 끝이 현재 향하고 있는 방향을 기준으로 왼쪽과 오른쪽으로만 움직일 수 있다. 즉, 터틀에게는 위나 아래라는 개념이 없다. 터틀을 여러 방향으로 움직이도록 하려면 먼저 회전을 해야 한다. 다음과 같은 코드를 입력한 후, 이해해 보자.

```
from turtle import *
right(90)
forward(100)
```

터틀을 회전시키기 위해서는 right(각도), left(각도) 명령어를 사용한다. right(각도)는 터틀이 설정한 각도만큼 오른쪽으로 회전하도록 하며, left(각도)는 반대로 왼쪽으로 회전하도록 한다. 다음과 같이 아래쪽으로 터틀을 이동시키려면 오른쪽으로 90° 회전한 후 앞으로 가도록 명령을 내리면 된다.

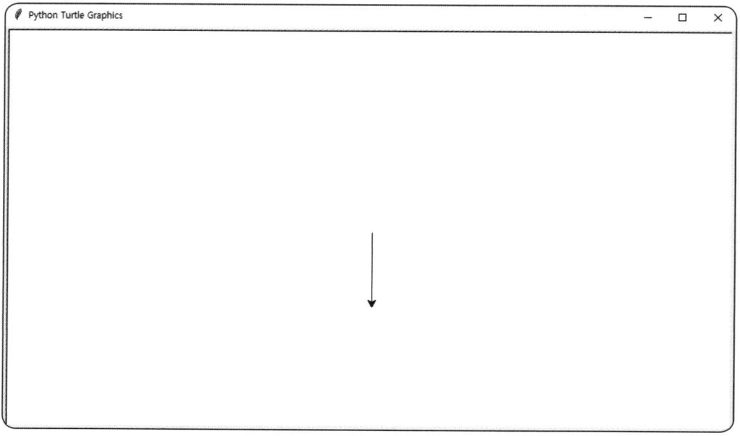

right(90)은 left(270)과 같은 결과를 나타내므로, right(90) 대신 left(270)을 써도 된다.

터틀의 시작 위치는 어디지?

터틀은 항상 화면의 가운데에서 시작한다. 터틀은 가로축(x축)과 세로축(y축)으로 구성된 2차원 좌표에서 움직인다. 좌표의 가운데인 (0, 0)이 터틀의 시작 위치라고 생각하면 된다.

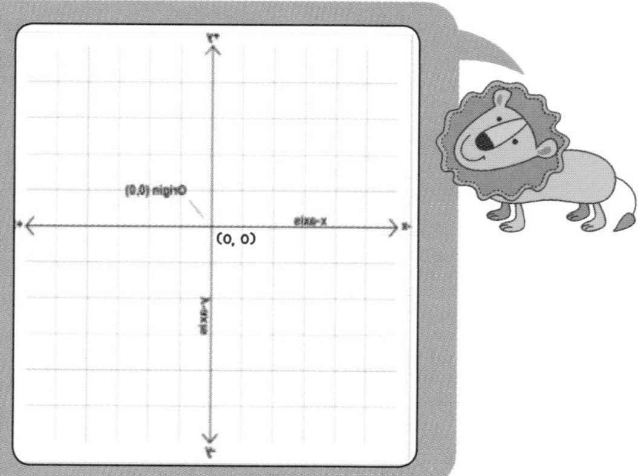

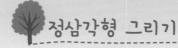

정삼각형 그리기

터틀을 이용하여 한 변이 100픽셀인 정삼각형을 그려 보자.

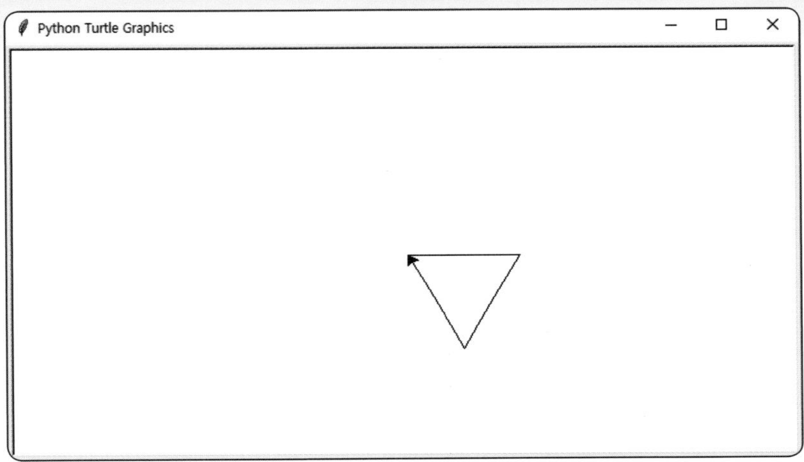

1 프로그램 계획

위와 같이 한 변이 100픽셀인 정삼각형을 그리기 위해서는 프로그램을 어떻게 구성해야 할까? 터틀의 입장에서 생각해 보자.

> 100픽셀 이동 → 오른쪽으로 회전 → 100픽셀 이동 → 오른쪽으로 회전 → 100픽셀 이동

프로그래밍에 익숙하지 않다면 위와 같이 생각하는 경우가 많다. 하지만 프로그래밍을 할 때에는 아래와 같이 좀 더 명확하게 표현하는 것이 필요하다.

> 100픽셀 전진 → 오른쪽으로 120° 회전 → 100픽셀 전진 → 오른쪽으로 120° 회전 → 100픽셀 이동

이렇게 명령을 값을 넣어 입력해야 코드로 바꾸기가 더욱 쉬워지고 원하는 출력을 얻을 수 있다.

우리는 수학 시간에 정삼각형의 내각을 60°라 배웠는데 왜 회전 각도를 60°가 아니라 외각인 120°가 쓰였을까?

오른쪽 그림처럼 현재 터틀이 이동하는 방향에서 정삼각형의 한 내각을 60°로 만들려면 외각인 120° 만큼 터틀이 회전해야 하므로 오른쪽으로 120° 회전 명령을 내린 것이다.

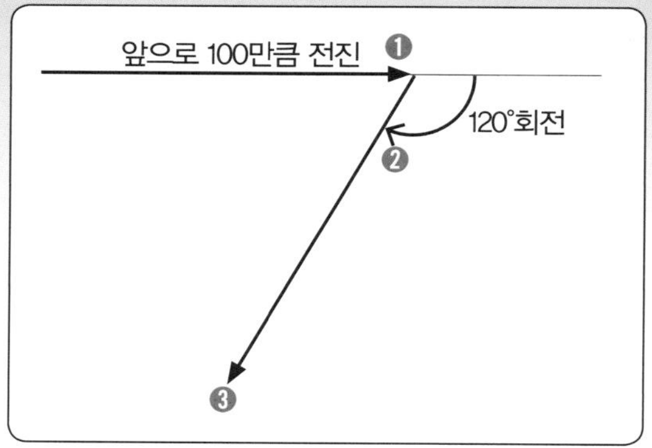
앞으로 100만큼 전진 ❶
120°회전
❷
❸

2 프로그램 작성

[File]–[New File]을 클릭하여 코드 창을 연 후, 앞에서 세운 계획을 바탕으로 다음과 같은 코드를 입력해 보자.

```
from turtle import *
forward(100)
right(120)
forward(100)
right(120)
forward(100)
```

파일을 저장한 후, 실행시켜 결과를 확인해 보자. 다음과 같은 순서로 삼각형이 그려지는 것을 확인할 수 있다.

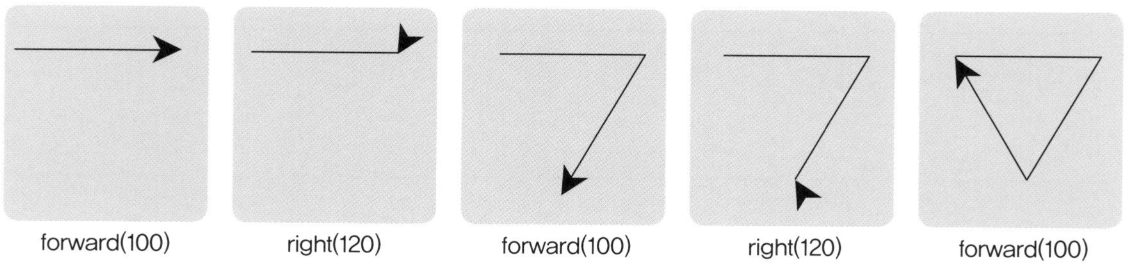
forward(100)
right(120)
forward(100)
right(120)
forward(100)

정사각형 그리기

'정삼각형 그리기'를 응용하여 정사각형 그리기에 도전해 보자.

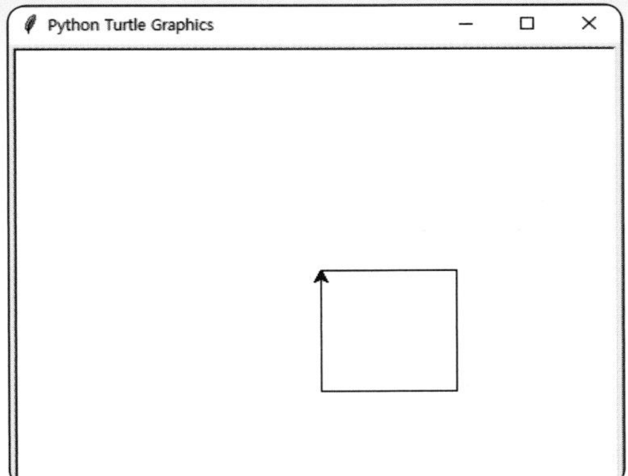

1 프로그램 계획

정사각형을 그릴 때는 90° 만큼 터틀이 회전하면 된다.

100픽셀 전진 → 오른쪽(왼쪽) 90° 회전 → 100픽셀 전진 → 오른쪽(왼쪽) 90° 회전 → 100픽셀 전진 → 오른쪽(왼쪽) 90° 회전 → 100픽셀 전진

2 프로그램 작성

```
from turtle import *
forward(100)
right(90) 또는 left(90)
forward(100)
right(90) 또는 left(90)
forward(100)
right(90) 또는 left(90)
forward(100)
```

계획을 바탕으로 다음과 같은 코드를 입력하고 실행하면 위 화면과 같이 정사각형을 그린 결과를 출력할 수 있다.

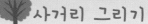

사거리 그리기

터틀을 이용하여 다음과 같은 모양의 사거리를 그려 보자.

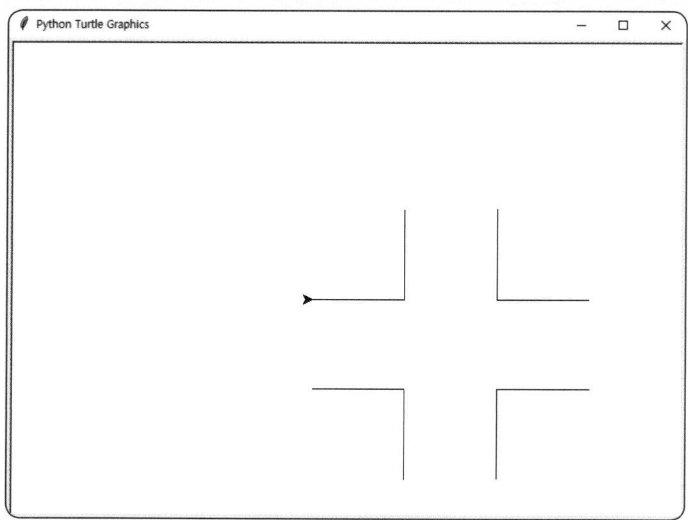

1 up()과 down()

지금까지 터틀은 이동 경로를 따라 선을 그렸다. 위와 같은 화면을 출력하려면 터틀이 선을 그리며 이동하기도 하고 그리지 않고 이동하기도 해야한다.

이때 up()과 down() 명령어를 사용한다. 먼저, up() 명령어는 종이에 닿아 있던 펜을 들어 올린 것처럼 터틀이 선을 남기지 않게 할 때 사용한다. down() 명령어는 종이에 떨어져 있던 펜을 종이로 내려 쓰는 것처럼 터틀이 선을 남기도록 할 때 사용한다.

터틀이 다음과 같이 이동하도록 쉘 창에 코드를 입력해 보자.

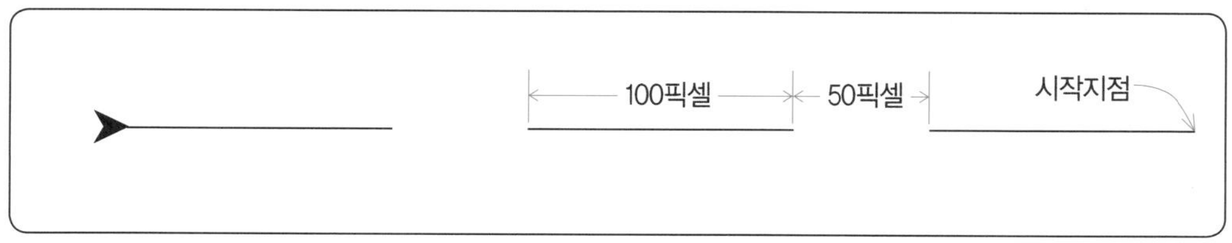

(0, 0)

```
>>> from turtle import *
>>> backward(100)
>>> up()
>>> backward(50)
>>> down()
>>> backward(100)
>>> up()
>>> backward(50)
>>> down()
>>> backward(100)
```

터틀이 뒤로 100픽셀만큼 이동한 후에 자취를 남기지 않고 50픽셀만큼 이동하고, 또 다시 뒤로 100픽셀을 이동한 후 또 자취를 남기지 않고 50픽셀만큼 이동한 후 다시 뒤로 100픽셀을 이동한 결과이다.

2 프로그램 계획

시작점에서 시작하여 사거리를 그린다고 가정할 때, 다음과 같은 단계로 터틀이 그림을 그리게 된다.

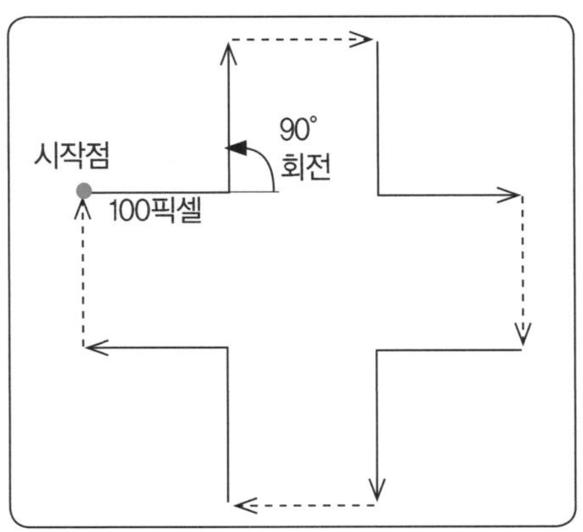

100픽셀 전진 → 왼쪽으로 90° 회전 → 100픽셀 전진 → 오른쪽으로 90° 회전 → 펜 들기 → 100픽셀 전진 → 펜 내리기 → 오른쪽으로 90° 회전→ 100픽셀 전진 → 왼쪽으로 90° 회전 → 100픽셀 전진 → 오른쪽으로 90° 회전 → 펜 들기 → 100픽셀 전진 → 펜 내리기 → 오른쪽으로 90° 회전 → 100픽셀 전진 → 왼쪽으로 90° 회전 → 100픽셀 전진 → 오른쪽으로 90° 회전 → 펜 들기 → 100픽셀 전진 → 펜 내리기 → 오른쪽으로 90° 회전 → 100픽셀 전진 → 왼쪽으로 90° 회전 → 100픽셀 전진 → 오른쪽으로 90° 회전 → 펜 들기 → 100픽셀 전진 → 펜 내리기 → 오른쪽으로 90° 회전

3 프로그램 작성

```
from turtle import *
forward(100)
left(90)
forward(100)
right(90)
up()
forward(100)
down()
right(90)
forward(100)
left(90)
forward(100)
right(90)
up()
forward(100)
down()
right(90)
forward(100)
left(90)
forward(100)
right(90)
up()
forward(100)
down()
right(90)
forward(100)
left(90)
forward(100)
right(90)
up()
forward(100)
down()
```

for문

Preview

for 변수 in range(): 괄호 안의 횟수만큼 명령을 반복

프로그램을 작성할 때 동일한 명령어를 반복적으로 작성하는 것은 지루하고 비효율적인 작업이다. 앞에서 정삼각형, 정사각형, 사거리를 그릴 때에도 아래와 같은 내용을 반복하여 작성하였다.

- 정삼각형은 "100픽셀 전진", "오른쪽으로 120° 회전"의 두 명령을 3회 반복하면 완성할 수 있다.
- 정사각형은 "100픽셀 전진", "오른쪽(왼쪽)으로 90° 회전"의 두 명령을 4회 반복함으로써 완성할 수 있다.
- 사거리는 "100픽셀 전진, 왼쪽 90° 회전, 100픽셀 전진, 펜 들기, 100픽셀 전진, 펜 내리기, 오른쪽 90° 회전" 명령을 4회 반복함으로써 완성할 수 있다.

그렇다면 반복되는 명령을 한 번만 작성하여 그림을 그리는 방법을 알아보자. 앞에서 다룬 정삼각형은 "forward(100)"과 "right(120)"이라는 두 명령이 3회 반복된다. 우리는 for문을 사용해 코드를 줄여볼 것이다.

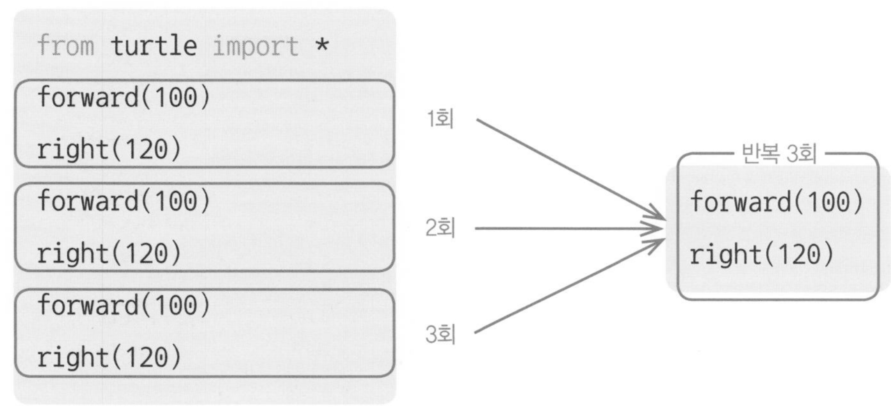
from turtle import *
forward(100)
right(120)
forward(100)
right(120)
forward(100)
right(120)
1회
2회
3회
반복 3회
forward(100)
right(120)

for문은 동일한 명령을 반복해야 하는 횟수를 알아야 사용할 수 있다. 다음의 형식에서 알 수 있듯이 '변수'를 이용하여 '반복 횟수'만큼 반복해야 하는 '명령어'들을 수행한다.

```
for 변수 in range(반복 횟수):
    명령어 1
    명령어 2
```

1 정삼각형 그리기

정삼각형은 forward(100)과 right(120)이 3회 반복되므로 for문을 이용하여 다음과 같이 간단하게 표현할 수 있다.

```
from turtle import *
forward(100)
right(120)
forward(100)
right(120)
forward(100)
right(120)
```

→

```
from turtle import *
for a in range(3):
    forward(100)
    right(120)
```

for문에서 반복 범위를 정할 때 range() 명령어를 사용한다.

```
for a in range(3):
```

=

```
for a in 0, 1, 2:
```

"for a in range(3):"은 3 이전까지의 정수 범위 내에서 반복된다는 것을 의미한다. 여기서 변수 a는 0부터 시작하여 1, 2 순서로 3회를 세는 데 사용된다. 만약, range()명령을 사용하지 않는다면, "for a in 0, 1, 2:"으로 작성해야 한다.

파일을 저장한 후, 실행시켜 27쪽과 같은 결과 화면이 나오는지 확인해 보자.

알아두기

콜론

for 문의 제일 뒤에는 반드시 콜론(:) 기호가 들어가야 한다. 긴 코드를 입력하다 보면 종종 빠뜨리는 경우가 많은데 이럴 경우, 올바르게 입력했음에도 불구하고 오류가 발생하는 하여 제대로 결과가 실행되지 않으니 콜론을 확인하는 습관을 키우자.

들여쓰기

파이썬에서는 들여쓰기로 컴퓨터가 처리해야 할 부분을 구분한다. 보통 4칸 들여쓰기를 하는데, [Tab]키를 사용하여 한번에 들여쓰기를 할 수 있다. 잘못된 들여쓰기로 에러가 발생하는 2가지 경우를 살펴보자.

■ 한 단계 더 들여쓰기를 한 경우

"right(120)"가 "forward(100)"보다 한 단계 더 들여쓰기(8칸 들여쓰기)가 되었다면 문법 오류 창이 뜨면서 프로그램의 "right(120)"앞에 수정을 요청하는 주황색 블록이 생긴다.

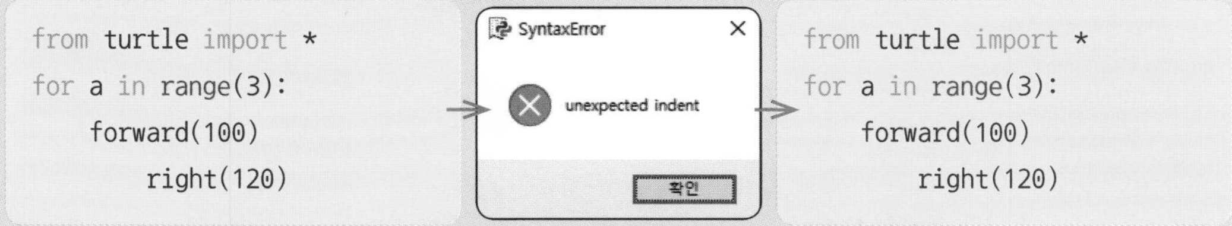
from turtle import *
for a in range(3):
forward(100)
right(120)
SyntaxError
unexpected indent
확인
from turtle import *
for a in range(3):
forward(100)
right(120)

■ 들여쓰기 하지 않은 경우

"right(120)"이 "forward(100)"과 같은 수준으로 들여쓰기가 되어있지 않은 경우에는 "forward(100)"만 3회 반복한 후 "right(120)"은 1회만 실행된다. 따라서 오른쪽 그림과 같이 터틀이 300픽셀만큼 이동한 후 120도 회전한 결과를 출력한다.

```
from turtle import *
for a in range(3):
    forward(100)
right(120)
```

2 정사각형 그리기

사각형을 그릴 때 반복되는 명령을 찾아보고 "for"를 사용하여 다음과 같이 코드를 수정해 보자.

```
from turtle import *
forward(100)
right(90)
forward(100)
right(90)
forward(100)
right(90)
forward(100)
right(90)
```

→

```
from turtle import *
for a in range(4):
    forward(100)
    right(90)
```

3 사거리 그리기

앞에서 실습한 '사거리 그리기' 프로그램에서 반복되는 명령을 찾아보고 "for" 문을 사용하여 다음과 같이 코드를 수정해 보자.

```
from turtle import *
for a in range(4):
    forward(100)
    left(90)
    forward(100)
    right(90)
    up()
    forward(100)
    down()
    right(90)
```

Turtle로 원 그리기

Preview

circle() : 괄호 안에 입력된 반지름 크기로 원 그리기

원으로 그림 그리기

터틀을 이용하여 다음과 같이 복잡한 그림을 그려 보자.

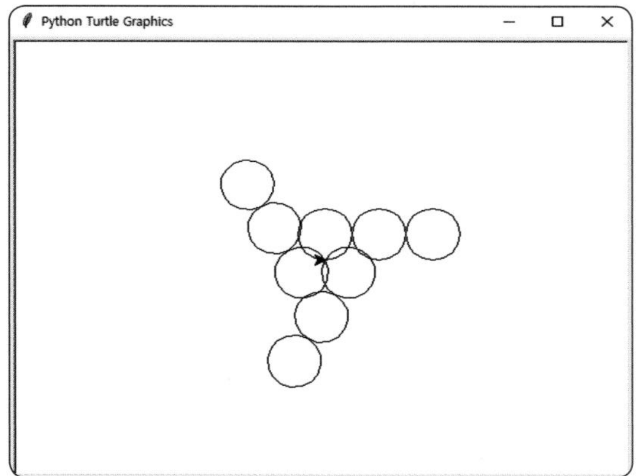

본격적으로 프로그래밍을 하기 전에 그림을 통해 어떤 동작이 반복되는지 살펴보면 원을 연속으로 3개 그리는 동작이 또 다시 3번 반복되고 있다.

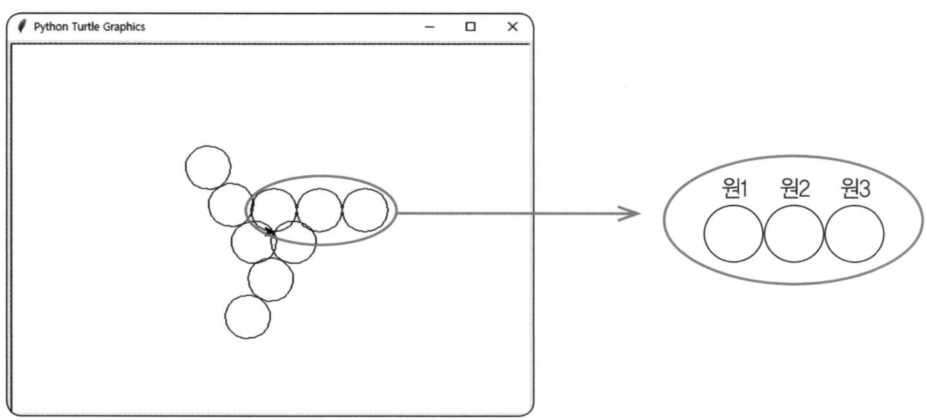

1 3개의 원 반복해서 그리기

이 프로그램은 2개의 동작이 반복된다.

1. 원을 그리는 동작
2. 원 3개를 그리는 작업을 방향을 바꿔가며 반복하는 동작

먼저 원 세 개를 그려 보자. 원을 그리는 명령어는 circle()을 사용한다. circle()의 괄호 안에는 그리고자 하는 원의 반지름을 픽셀 단위로 입력한다. 오른쪽 그림의 원은 circle(25)를 실행했을 때 결과이다. 이때 그림에서 알 수 있듯이 터틀이 원을 그리는 시작점은 원의 아래 가운데 부분이다.

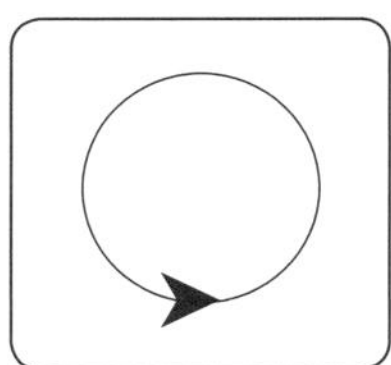

따라서 반지름이 25픽셀인 원을 세 번 연속으로 그리려면,

- 원을 하나 그리고
- 다음 원을 그리기 위한 위치로 이동하기 위하여 50픽셀만큼 앞으로 이동한 다음
- 다시 두 번째 원을 그리고
- 다음 원을 그리기 위한 위치로 이동하기 위하여 50픽셀만큼 앞으로 이동한 다음
- 다시 세 번째 원을 그린다.

단, 다음 원을 그리기 위한 위치로 이동할 때에는 자취를 남기면 안되므로 up() 명령을 사용해야 한다.

먼저, for를 사용하여 왼쪽의 코드를 입력한 후, 저장을 하고 실행을 시키면 오른쪽과 같은 결과 화면을 얻을 수 있다.

```
from turtle import *
for b in range(3):
    circle(25)
    up()
    forward(50)
    down()
```

결과

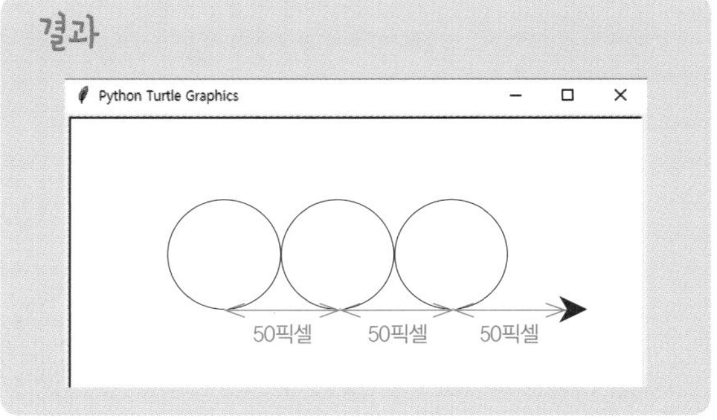

이때, 세 개의 원을 그리는 동작을 마치고 나면 터틀의 위치는 원래 자리로부터 150픽셀 떨어져 있는 것을 확인할 수 있다. 왜냐하면 터틀이 앞쪽으로 50픽셀씩 세 번 이동했기 때문이다. 터틀이 제자리로 돌아와 다음 동작을 할 수 있도록 150픽셀만큼 뒤로 되돌아오는 코드를 입력하자.

터틀이 제자리로 되돌리는 앞의 프로그램에서 up(), backward(150), down()의 들여쓰기는 for문 시작과 들여쓰기 위치가 동일하다. 왜냐하면 제자리로 돌아오는 것은 for 명령어에 포함되어 반복 실행되어야 하는 것이 아니라 for문의 실행이 종료된 후 실행되어야 하는 명령이기 때문이다.

```
from turtle import *
for b in range(3):
    circle(25)
    up()
    forward(50)
    down()
up()
backward(150)
down()
```

2 방향을 바꿔가며 원 그리기를 반복하기

원 세 개를 그리는 과정은 세 번 반복된다. 단, 원 3개를 그리고 제자리로 돌아온 후 다음 원을 그리기 전에 오른쪽으로 120도 회전해 원을 그리는 방향을 바꾸어야 한다. 따라서 다음과 같이 down() 아래에 right(120)을 입력하자.

이 과정을 3회 반복해야 하므로 for문을 중첩으로 작성해야 한다. 첫 번째 for문은 원 3개를 그리는 것을 3번 반복하기 위한 것이고, 두 번째 for문은 원 3개를 그리기 위한 것이다.

```
from turtle import *
for b in range(3):
    circle(25)
    up()
    forward(50)
    down()
up()
backward(150)
down()
right(120)
```

3 프로그램 작성

이 프로그램은 다음과 같이 실행된다. 이를 생각하며 코드를 입력해 보자.

- 첫 번째 반복에서 원 3개를 그리고 제자리로 돌아와 회전하고,
- 두 번째 반복에서 또 다시 원 3개를 그리고 제자리로 돌아와 회전하며,
- 세 번째 반복에서 원 3개를 그리고 제자리로 돌아와 회전하면 프로그램이 종료된다.

```
from turtle import *
for a in range(3):
    for b in range(3):
        circle(25)
        up()
        forward(50)
        down()
    up()
    backward(150)
    down()
    right(120)
```

a=0일 때 (첫 번째 원 3개)
    b=0, 반지름이 25인 첫 번째 원
    b=1, 반지름이 25인 두 번째 원
    b=2, 반지름이 25인 셋 번째 원
    제자리로 돌아오기
    다음 원을 그리기 위해 120도 우회전

a=1일 때 (두 번째 원 3개)
    b=0, 반지름이 25인 첫 번째 원
    b=1, 반지름이 25인 두 번째 원
    b=2, 반지름이 25인 셋 번째 원
    제자리로 돌아오기
    다음 원을 그리기 위해 120도 우회전

a=2일 때 (세 번째 원 3개)
    b=0, 반지름이 25인 첫 번째 원
    b=1, 반지름이 25인 두 번째 원
    b=2, 반지름이 25인 셋 번째 원
    제자리로 돌아오기
    다음 원을 그리기 위해 120도 우회전

range() 문은 어떻게 활용할까?

range()는 범위를 나타낼 때 쓰는 함수이다. range()의 괄호 안에 아래와 같이 범위를 표현하는 방법이 다양하다. 범위 표현에 따라 어떤 결과가 출력되는지 확인해 보자.

■ for a in range(숫자) :

"for a in range(5):"라고 입력하면 for 아래 명령을 5회를 반복하는 것을 결과 화면에서 확인할 수 있다. 반복할 때마다 변수 a에는 0부터 시작해 4까지 숫자가 저장된다. 1회 반복했을 때는 변수 a에 0이 저장되고, 5회 반복했을 때는 변수 a에 4가 저장된다.

```
for a in range(5):
    print('Python is powerful!')
```

결과 화면

```
>>>
Python is powerful!
Python is powerful!
Python is powerful!
Python is powerful!
Python is powerful!
>>>
```

■ for a in range(시작 숫자, 마지막 숫자) :

"for a in range(1, 6):"라고 입력하면 변수 a가 1부터 6이 되기 전까지의 수인 5가 될 때까지 반복하는 것을 의미한다.

```
for a in range(1,6):

    print('Python is powerful!')
```

결과 화면

```
>>>
Python is powerful!
Python is powerful!
Python is powerful!
Python is powerful!
Python is powerful!
>>>
```

range(1, 6)는 range(5)와 같은 결과를 보여준다. 이번에는 변수 a에 할당되는 값을 살펴보며 좀 더 이해하기 쉽도록 코드를 다음과 같이 수정해 보자.

```
for a in range(1,6):
    print('a=', a, ',', 'Python is powerful!')
```

결과 화면

```
>>>
a= 1, Python is powerful!
a= 2, Python is powerful!
a= 3, Python is powerful!
a= 4, Python is powerful!
a= 5, Python is powerful!
>>>
```

출력한 결과, 첫 번째 "Python is powerful!"이 출력될 때 변수 a의 값은 1이고, 두 번째 "Python is powerful!"이 출력될 때 변수 a의 값은 2, 세 번째 "Python is powerful!"이 출력될 때 변수 a의 값이 3, 네 번째 "Python is powerful!"이 출력될 때 변수 a의 값이 4, 다섯 번째 "Python is powerful!"이 출력될 때에는 a의 값이 5인 것을 확인할 수 있다.

- for a in range(시작 숫자, 마지막 숫자, 증가폭) :

"for a in range(2, 21, 2):"은 변수 a에 2부터 시작하여 21이 되기 전까지(즉, 20까지) 2씩 증가된 값을 갖는다는 의미이다. (※ 여기에서 print() 안의 end=' '은 변수 a를 하나 출력하고 난 후, 줄은 바꾸지 않고 공백 한 칸을 출력하라는 의미이다.)

```
for a in range(2, 21, 2):
    print(a, end=' ')
```

결과 화면

```
>>>
2 4 6 8 10 12 14 16 18 20
>>>
```

"for a in range(100, 90, -1):"은 변수 a에 할당될 값이 100부터 시작하여 90이 되기 전까지(즉, 91까지) 1씩 감소된 값을 갖는다는 의미이다.

```
for a in range(100, 90, -1):
    print(a, end=' ')
```

결과 화면

```
>>>
100 99 98 97 96 95 94 93 92 91
>>>
```

if문

Preview

if 조건 : 조건이 참인 경우 명령문을 실행

if 조건 ~ else : 조건이 참/거짓인지에 따라 서로 다른 명령문을 실행

if 조건 ~ elif ~ else : 여러 선택 조건에 따라 서로 다른 명령문을 실행

별 그림 그리기

조건에 따라 다른 명령이 적용되어 다음과 같은 그림을 그린다면 어떻게 해야 할까?

터틀이 선의 길이를 점점 길게 그리면서 왼쪽 또는 오른쪽으로 회전해 가며 완성한 그림이다. 홀수 번째 선을 그린다면 오른쪽으로 회전하고, 짝수 번째 선을 그린라면 왼쪽으로 회전해야 한다.

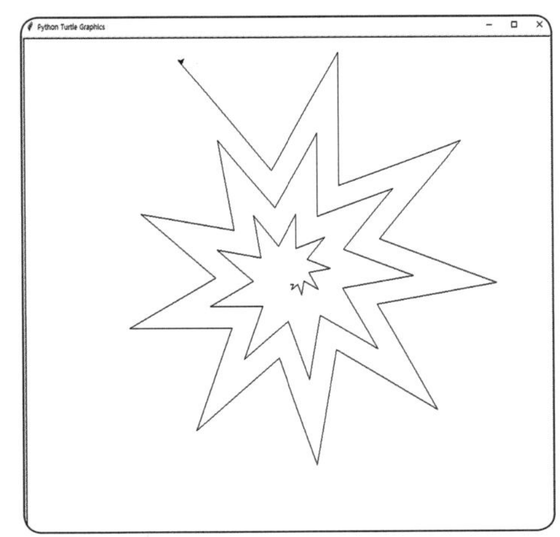

이 과정을 순서대로 나타내면 다음과 같다.

❶ 선은 5픽셀부터 시작하여 점점 5픽셀씩 길어진다.(5, 10, 15, …)

❷ 첫 번째 선(길이 5픽셀)을 그리고 나면 오른쪽으로 회전한다.

❸ 두 번째 선(길이 10픽셀)을 그리고 나면 왼쪽으로 회전한다.

❹ 세 번째 선(길이 15픽셀)을 그리고 나면 오른쪽으로 회전한다.

❺ 네 번째 선(길이 20픽셀)을 그리고 나면 왼쪽으로 회전한다.

❻ 이 과정이 반복된다.(여기서는 50회 반복)

1 50개의 선을 그리기 위한 반복

이 그림은 터틀로 선을 그리는 것을 50회 반복해 완성한다. 다음과 같이 for문을 사용한다. 왼쪽 코드와 같이 표현하면 변수 a의 값은 0~49까지 변한다. 하지만 터틀이 이동하는 거리를 변수 a를 활용해 a*5로 표현하므로 변수 a의 값은 0이 아니라 1부터 시작해야 한다.

```
for a in range(50):
```

→

```
for a in range(1, 51):
```

2 선 그리기

선은 5픽셀에서 시작하여 횟수를 거듭할 때마다 5픽셀씩 길어진다. 이를 코드로 표현하면 변수 a의 값에 5픽셀을 곱한 결과와 동일하다. 다음과 같이 코드를 입력해 보자.

```
for a in range(1, 51):
    forward(a*5)
```

3 회전하기

첫 번째, 세 번째, … 등 홀수 번째 선을 그릴 때에는 오른쪽으로 회전하고, 두 번째, 네 번째, … 등 짝수 번째 선을 그릴 때에는 왼쪽으로 회전한다. 먼저, 이 그림을 통해 회전 각도를 살펴 보자.

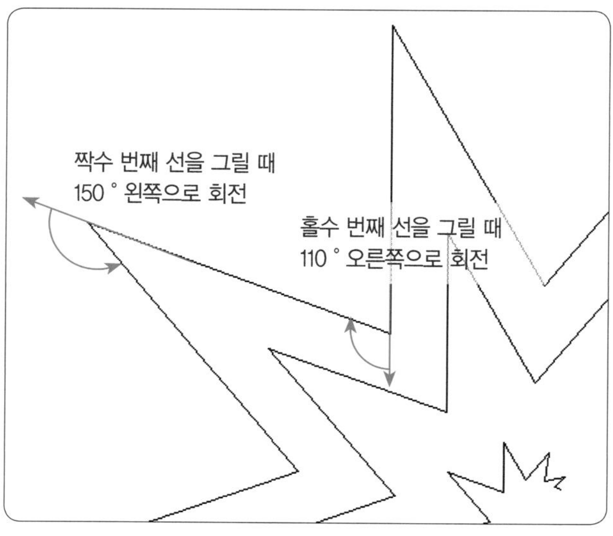

여기서 홀수 번째와 짝수 번째를 구분하여 컴퓨터가 알 수 있도록 하려면 짝수는 2로 나눠는 수, 홀수는 2로 나눠지지 않는 수라는 점을 활용한다. 즉, 2로 나눈 나머지가 0인 수, 0이 아닌 수로 구분하면 된다.

4 프로그램 작성

나머지를 확인할 때에는 “%”라는 연산자를 사용한다. 변수 a를 2로 나눈 나머지를 확인하려면 “a%2”라고 작성하면 된다. 나머지가 0인지 1인지에 따라 왼쪽 또는 오른쪽으로 회전하도록 하려면 조건문을 사용해야 한다. 조건문은 주어진 조건이 참인지 거짓인지를 판별하여 서로 다른 명령을 실행시키는 명령문이다.

조건을 판별하기 위해 여기서는 “if~ else~”문를 사용한다. if에 사용되는 조건에 대하여 참이면 if 아래의 명령을 실행하며, 그렇지 않으면 else 아래의 명령을 실행하도록 한다.

a%2가 0인지 0이 아닌지를 판별하고, 0인 경우 왼쪽으로 150° 회전하고, 그렇지 않은 경우 오른쪽으로 110° 회전하도록 하는 코드를 입력해 보자.

```
from turtle import *
for a in range(1, 51): #1~50만큼 반복
    forward(a*5) #앞으로 a*5만큼 이동
    if a%2==0: #변수 a가 짝수라면(선 긋는 횟수가 짝수 번째라면)
        left(150) #왼쪽으로 150도 회전
    else: #그렇지 않다면
        right(110) #오른쪽으로 110도 회전
```

이때 주의해야 할 점은 연산자의 사용이다. 위와 같이 a%2가 0과 같다는 표현을 ‘a%2 == 0’ 이라 작성한다. 프로그래밍에서 왼쪽의 값과 오른쪽의 값이 같은지 판별하기 위한 연산자는 등호를 두 개 사용하는 ‘==’이다.

43쪽과 같이 복잡한 그림도 단 일곱 줄의 코드로 구현할 수 있다니 이것이 프로그래밍의 힘이다.

if문 더 알아보기

if문은 앞서 살펴본 if~else외에도 다음과 같이 세 가지 형태로 활용된다. .

	if	if ~ else	if ~ elif ~ else

형식	if 조건:
	    명령문
		if 조건:
		    명령문 1
		else:
		    명령문 2
			if 조건:
			    명령문 1
			elif:
			    명령문 2
			else:
			    명령문 3

활용 시점	조건이 참인 경우에만 명령문을 실행할 때	조건이 참인지 거짓인지에 따라 서로 다른 명령문이 실행될 때	여러 가지 선택 조건들이 있으며 선택에 따라 서로 다른 명령문이 실행될 때

예시	if 동물 == '강아지':
	    print('멍멍')
		if 동물 == '강아지':
		    print('멍멍')
		else:
		    print('강아지가 아니네.')
			if 동물 == '강아지':
			    print('멍멍')
			elif 동물 == '고양이':
			    print('야옹')
			elif 동물 == '병아리':
			    print('삐약삐약')
			else:
			    print('강아지, 고양이, 병아리가 아니네.')

1 if문

"if"문의 조건이 "참"이라면 명령을 실행한다. 조건이 "참"이 아니라면 아무것도 실행하지 않는다.

예를 들어, "내일 비가 온다면 집에 있는다"라는 문장을 if문으로 표현해 보자.

프로그램은 다음과 같은 순서로 실행된다.

❶ input() 함수를 사용하여 내일 비가 오는지를 정보를 입력 받는다. 이때, 정보는 y나 n이라는 문자로 입력 받게 되고 그 값을 weather라는 변수에 할당한다.

❷ if와 변수 weather에 할당된 값을 이용하여 weather의 내용이 y와 같으면, "집에 있어야 겠다." 는 문장을 출력한다.

```
weather = input('내일 비가 오는가? 그렇다면 y, 아니라면 n:')
if weather == 'y':
    print('집에 있어야 겠다.')
```

결과 화면

```
>>>
내일 비가 온대? 그렇다면 y, 아니라면 n: y
집에 있어야 겠다.
>>>
```

2 if~else~문

“if ~ else”문에서 “if”와 “else”는 한 쌍이다. “if”의 조건이 “참”이라면 “if”문 다음의 명령를 실행하고, “거짓”이라면 “else” 다음의 명령을 실행한다.

예를 들어, 만약 비가 온다면 집에 있고, 그렇지 않다면 놀이 공원을 간다고 하자.

프로그램은 다음과 같은 순서로 실행된다.

❶ if와 변수 weather를 사용하여 비가 오는지를 사용자로부터 정보를 받는다.

❷ 비가 오는 것이 참이라면(y를 입력 받았을 경우) "집에 있어야 겠다." 를 출력한다.

❸ 비가 오는 것이 거짓이라면(n 또는 다른 문자를 입력 받았을 경우) "놀이 공원에 가자!" 를 출력한다.

```
weather = input('내일 비가 오는가? 그렇다면 y, 아니라면 n:')
if weather == 'y':
    print('집에 있어야 겠다.')
else:
    print('놀이 공원에 가자!')
```

결과 화면

```
>>>
내일 비가 온대? 그렇다면 y, 아니라면 n: n
놀이 공원에 가자!
>>>
```

2 if~elif~else~문

"if ~ elif ~ else"문은 판단할 조건이 여러 개일 때 사용한다. 먼저 "if"의 조건 "참"이라면 "if"문 다음의 명령을 실행한다. "참"이 아니라면 "elif"로 넘어가 그 조건이 "참"인지를 확인하여 그 조건이 "참"이라면 "elif"문 다음의 명령을 실행한다. "참"이 아니라면 "else" 뒤의 명령을 실행한다.
예를 들어, 만약 비가 온다면 집에 있고, 그렇지 않다면 놀이 공원에 갈지 여부를 확인한다. 만약 놀이 공원이 간다면 놀이 공원을 가자 하고, 그렇지 않다면 운동하러 가자라고 하자.
프로그램은 다음과 같은 순서로 실행된다.

❶ if와 input 함수를 사용하여 비가 오는지 사용자로부터 정보를 받는다.
❷ 비가 오는 것이 참이라면(y를 입력 받았을 경우) "집에 있어야 겠다." 를 출력한다.
❸ 만약 비가 오는 것이 거짓이라면(n 또는 다른 문자를 입력 받았을 경우) 놀이 공원에 갈지 여부를 확인한다.
❹ 간다면(y를 입력 받았을 경우) "놀이 공원에 가자!" 를 출력한다.
❺ 비가 오지 않고 놀이 공원에 가지 않았다면 "운동하러 가자!" 를 출력한다.

```
if input('내일 비가 오는가? 그렇다면 y, 아니라면 n: ') == 'y':
    print('집에 있어야 겠다.')
elif input('놀이 공원 갈래? 그렇다면 y, 아니라면 n: ') == 'y':
    print('놀이 공원에 가자!)
else:
    print('운동하러 가자!')
```

결과 화면

```
>>>
내일 비가 오는가? 그렇다면 y, 아니라면 n: n
놀이 공원 갈래? 그렇다면 y, 아니라면 n: n
운동하러 가자!
>>>
```

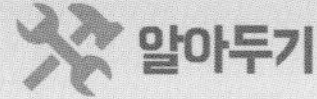

도형 꾸미기

지금까지는 터틀을 이용해 선으로만 도형을 그렸면 여기서는 도형을 꾸며 보자.

■ 도형에 색 채우기

먼저, 색 설정은 "color(색 이름)"을 사용한다. 예를 들어 핑크색으로 설정하고 싶다면 color('pink')라고 작성하면 된다. 그 다음, 정사각형을 그리기 전에 색 채우기 시작할 것이라는 것을 알리고, 정사각형을 그린 후에는 색 채우기를 종료한다는 것을 알려야 한다. 색 채우기를 시작한다는 명령어는 "begin_fill()", 색 채우기가 종료한다는 명령어는 "end_fill()"이다.

36쪽의 정사각형 그리기 프로그램에서 정사각형의 색을 핑크색으로 설정하고, 도형의 색을 채우는 코드를 추가해 보자. 그리고 다음과 같은 결과가 출력되는지 확인해 보자.

```
from turtle import *
color('pink') #도형의 색을 핑크색으로 설정
begin_fill() #색 채우기를 시작
for a in range(4):
    forward(100)
    right(90)
end_fill() #색 채우기를 종료
```

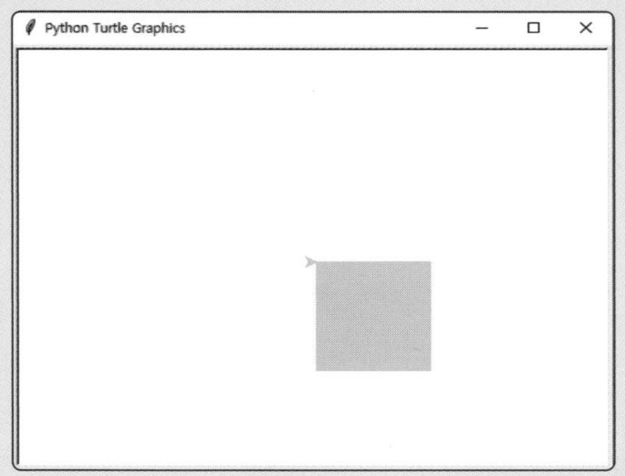

■ 도형에 글자 추가하기

이번에는 글자와 함께 정사각형을 그려 보자. 도형과 함께 보이도록 글자를 쓰기 위한 함수는 "write()" 함수이다. 괄호 안에는 도형 위에 나타낼 글자를 작성한다.

예를 들어 "Hello, Python is powerful!"이라는 문장과 함께 정사각형을 출력하는 코드를 입력해 보자. 문장을 쓰는 동안에는 터틀이 움직이지 않고 좌표상 (0, 0)에 위치한다. 글자를 화면에 출력하고 나면 터틀이 정사각형을 그리기 시작한다.

```
from turtle import *
color('purple')
write('Hello, Python is powerful!')
for a in range(4):
    forward(100)
    right(90)
```

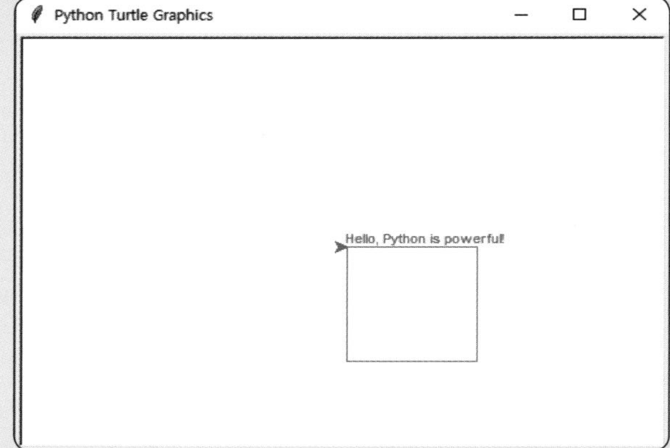

만약 아래 화면과 같이 문장을 따라 터틀이 이동하도록 하려면, 위의 코드에서 write('Hello, Python is powerful!') 대신 write('Hello, Python is powerful!', 1)로 수정해 보자. 여기서 "1"이 바로 터틀이 문장을 따라 움직이라는 명령을 내리는 역할을 한다. 코드를 수정한 후, 실행시켜 다음과 같은 화면이 출력되는지 확인해 보자.

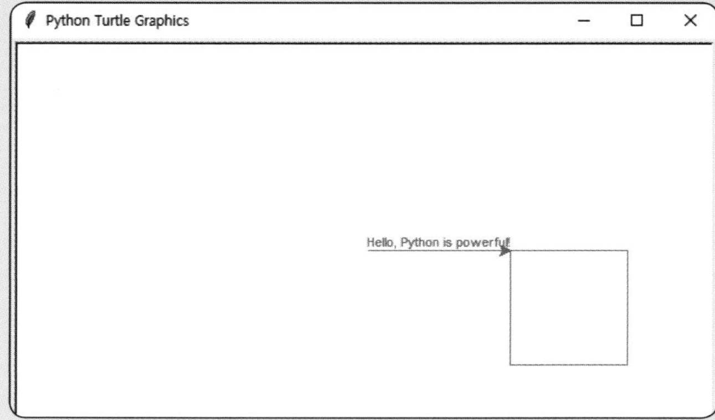

Turtle로 프랙탈 그리기

프랙탈은 작은 부분이 반복되어 하나의 전체 구조를 완성하는 기하학적인 구조를 의미한다. 전체를 완성해 나가기까지 특정한 작은 패턴이 반복되는데, 나뭇잎, 깃털, 리아스식 해안 등 자연에서도 프렉탈을 관찰할 수 있다. 프랙탈은 미술, 종교, 공학 등 다양한 분야에서 활용되고 있다.
아래의 그림은 파이썬으로 제작한 프랙탈 그림들이다.

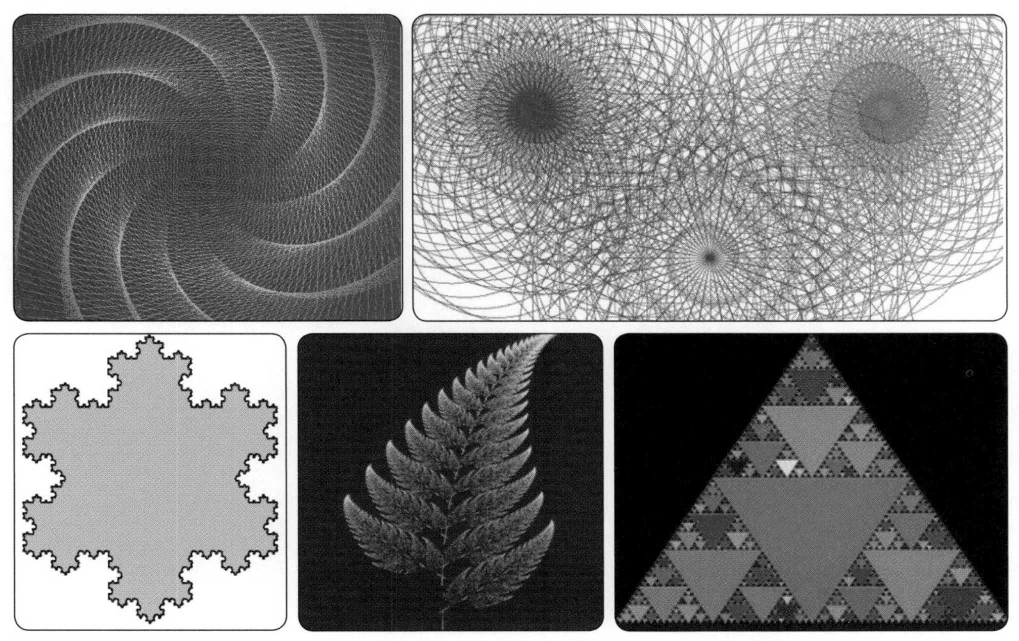

아래는 제일 오른쪽에 삼각형의 크기만 변화시켜 쌓아 만든 프랙탈로, 삼각형을 그리는 패턴이 모여서 형성된 것이다.

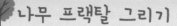

나무 프랙탈 그리기

파이썬으로 프랙탈을 그릴려면 반복되는 패턴이 어떤 모양이며, 이 모양을 어떻게 반복적으로 그려지를 파악해야 한다.

아래 그림과 같은 나무 프랙탈을 완성하기 위해서는 먼저 갈색의 나무 기둥을 그린 후 녹색의 가지들을 그리면 된다. 나무 기둥은 단순한 직선이지만 녹색 가지는 Y 모양이 반복되어 아래와 같은 형태를 이룬다. 즉, 이 그림은 Y 모양 도형을 방향과 크기를 바꾸어 가면서 반복해서 그리는 것이다. 이를 함수로 정의해서 사용할 수 있다. 본격적으로 나무 프랙탈을 그려 보자.

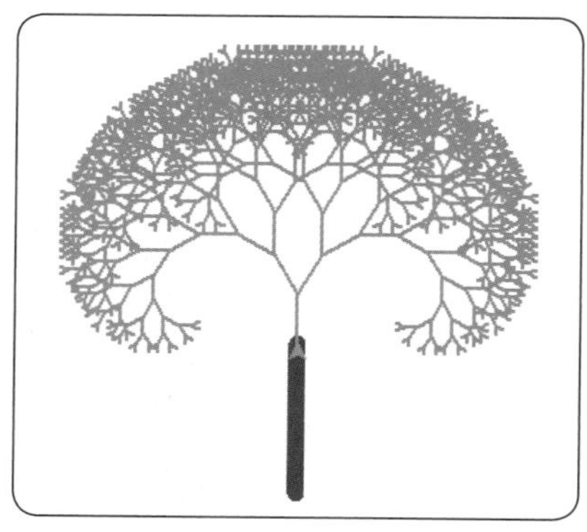

1 나뭇가지를 그리기 위한 함수의 정의

나무 프랙탈을 그리기 위해서 먼저 나뭇가지를 그리는 부분을 함수로 정의하는 것부터 시작하자. 나뭇가지를 그리는 동작이 반복되기 때문에 함수로 만들어 두어 언제든 다시 사용할 수 있도록 할 것이다. 다음의 코드를 입력해 보자.

```
from turtle import *

def tree(width):
```

```
    if width>=5:
        forward(width)
        right(30)
        tree(width-2.5)
        left(60)
        tree(width-2.5)
        right(30)
        backward(width)
```

프로그램이 시작되는 부분에 def는 함수의 정의를 알리는 명령어이다. 여기서 함수의 이름은 tree 이고 변수 width에는 그려야 할 나뭇가지의 크기를 저장한다. 보다 자세한 내용은 뒤이어 살펴보기로 하자.

2 기둥 그리기

나무 기둥을 그리는 코드를 위의 프로그램에 이어서 입력해 보자.

```
speed(0)
color('brown')
pensize(10)

left(90)
forward(90)
```

speed, color, pensize는 터틀의 옵션을 지정하기 위한 명령이다.

- speed(): 터틀이 움직이는 속도를 정한다. 괄호 안에 0부터 10까지의 숫자를 입력하여 속도를 조절한다. 기본값은 3이고, 1이 가장 느린 속도이며 10으로 갈수록 빨라진다. 단, 0을 입력할 경우 터틀의 최고 속도를 의미한다.
- pensize(): 터틀이 움직일 때, 선의 굵기를 설정한다.

이 코드에서는 터틀의 속도를 최대한으로 높이고 기둥을 그리는 색은 브라운, 펜의 굵기는 10으로 설정하여 터틀로 기둥을 그린다. 그 다음, 터틀은 기본적으로 오른쪽을 보고 있기 때문에 왼쪽으로 회전하여 화면상 위쪽 방향으로 기둥을 그릴 수 있도록 작성한다.

3 나뭇가지 그리기

나뭇가지를 그리는 코드를 위의 프로그램에 이어서 입력해 보자.

```
color('yellowgreen')
pensize(2)

tree(30)
```

나뭇가지의 색은 yellowgreen으로, 펜의 굵기 2로 설정하여 터틀이 그릴 수 있도록 한다. 그 다음, tree 함수에 값을 30으로 정한다. 나뭇가지를 반복적으로 그려야 하므로 tree() 함수를 호출하여 사용한다. 30은 tree() 함수의 변수 width로 저장되며, Y 모양으로 생긴 나뭇가지의 크기를 조절할 때 사용된다. 다음 그림은 tree() 함수가 호출되는 순서를 나타낸다.

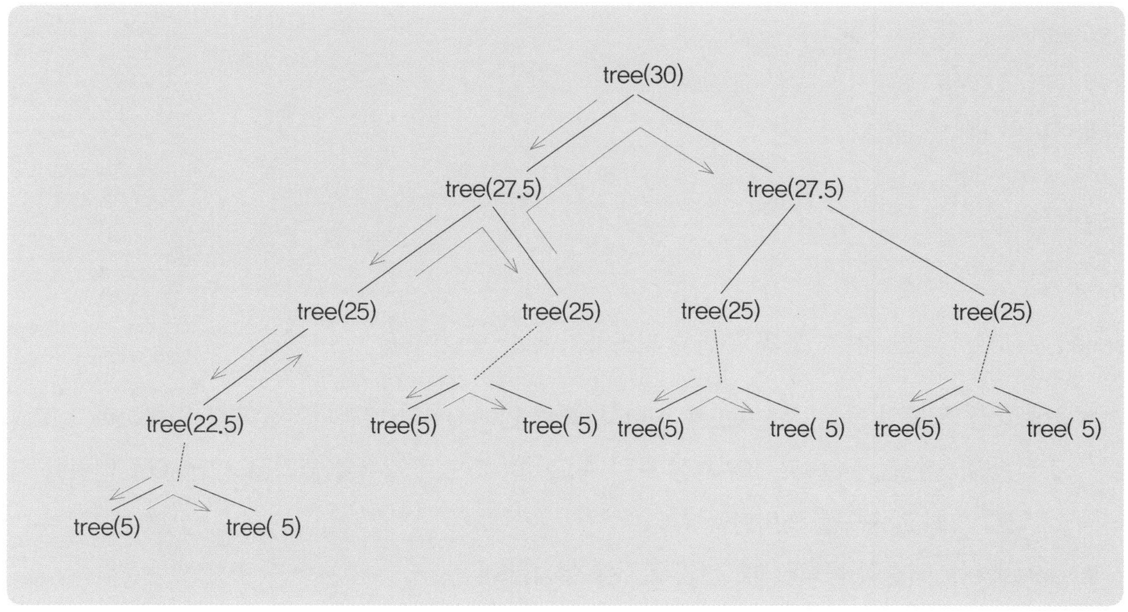

4 프로그램의 실행 순서

❶ tree(30)을 통해 tree 함수가 호출된다. 변수 width에 30이 저장된다.

❷ tree(30) 내의 forward(30)과 right(30)이 실행된다.

❸ tree(27.5)가 실행된다.

❹ tree(27.5) 내의 forward(27.5)와 right(30)이 실행된다.

❺ tree(25)가 실행된다.

❻ tree(25) 내의 forward(25)와 right(30)이 실행된다.

⋮

전달받은 값이 저장된 변수 width의 값은 2.5씩 줄어들다가 5보다 작아지는 순간, 오른쪽 가지만 계속 그리던 것을 마치고, 왼쪽 가지들을 그리기 시작한다. 왼쪽 가지들은 tree(5)부터 시작하여 tree(30)이 될 때까지 그리게 된다.

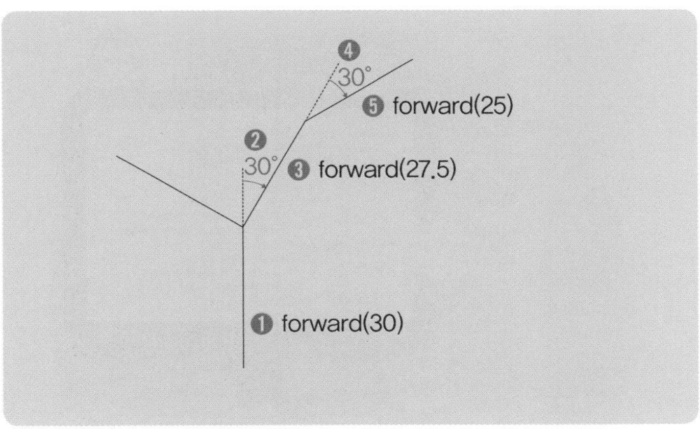

프로그램을 실행시켜보면 오른쪽 가지들을 먼저 그린 후 왼쪽 가지를 그리는 것을 반복하는 것을 확인할 수 있다. 이렇게 함수 안에서 자신을 다시 호출하여 사용하는 함수를 재귀함수라고 한다. 재귀함수의 사용으로 복잡한 프랙탈을 몇 줄의 코드로 그릴 수 있게 되었다.

Chapter 3

파이썬과 친해지기

지금까지는 터틀을 이용하여 프로그램을 작성하기 위한 기본 구조인 순차, 반복, 선택 구조 이 세 가지를 배웠다. 순차 구조는 순서대로 명령을 실행하는 구조, 반복 구조는 명령을 반복해서 실행하는 구조, 선택 구조는 조건의 참과 거짓에 따라 서로 다른 명령을 실행하는 구조이다. 이제부터는 기본 구조를 바탕으로 문제를 해결할 때 필요한 프로그래밍 개념들을 깊이 알아보자.

변수

Preview

숫자 변수, 문자열 변수, 변수 값 할당, 변수 값 출력, 변수 값 변경, 변수 활용

변수는 프로그램에서 자료를 저장하기 위한 공간이다. 변수는 자료를 담아두는 가방과 같은 역할을 한다고 볼 수 있다. 예를 들어 게임 프로그램에서 변화하는 점수를 저장하거나 아이템을 담아둘 때에도 모두 변수를 사용한다. 변수는 이름을 갖고 있으며, 여러 자료를 한 변수에 담아두는 것이 아니라 한 변수에 하나의 자료만 담을 수 있다.

간단한 변수 프로그램

1 변수에 값 할당하기

숫자나 문자열을 변수에 저장하는 것을 변수에 값을 '할당한다'고 표현한다. 그리고 할당을 할 때에는 '=' 기호를 사용한다. '='을 기준으로 오른쪽의 내용을 왼쪽으로 할당하는 것을 의미한다. 쉘 창에서 다음과 같은 코드를 입력해 보자.

먼저, 변수를 작성할 때에는 먼저 변수 이름(변수명)을 작성한 후, '='기호를 입력하고 값을 입력하면 된다. 단, 문자열을 입력할 때에는 다음과 같이 작은따옴표로 묶어준다.

```
>>> my_car_no = 2
```

my_car_no → 변수명, 2 → 변수에 할당할 값

```
>>> my_car = 'Porsche'
```

변수의 값을 변경하기 위해서는 다음과 같이 변수에 할당되는 값을 수정하면 된다. 코드를 입력하여 확인해 보자.

```
>>> my_car_no = 3
```

2 변수 출력하기

변수를 출력하기 위해서는 'print()' 함수를 사용한다. 쉘 창에서 다음과 같은 코드를 입력해 보자.

```
>>> print(my_car_no)
2
```

▲ 숫자가 할당된 변수 출력

```
>>> print(my_car)
Porsche
```

▲ 문자열이 할당된 변수 출력

3 변수에 변수 할당하기

예를 들어, 변수 your_car_no에 변수 my_car_no를 값으로 할당할 수 있다. 그 결과, your_car_no를 출력하면 my_car_no와 마찬가지로 숫자 2가 출력된다.

```
>>> my_car_no = 2
>>> your_car_no = my_car_no
>>> print(your_car_no)
2
```

더 파고들기

변수 이름 만들기

변수의 이름을 정할 때 지켜야 할 규칙은 다음과 같다.

1. 변수 이름은 문자나 숫자로 이루어져야 한다. _(밑줄)을 제외한 특수 문자는 사용할 수 없다.
2. 변수 이름은 공백(space)은 사용할 수 없다.
3. 변수 이름의 첫 글자는 숫자를 사용할 수 없다.
4. 대문자와 소문자를 구별된다. 예를 들어, My_car와 my_car는 서로 다른 변수이다.
5. 파이썬에서 이미 특정 명령을 수행하는 키워드는 사용할 수 없다. 예를 들어, print, input 등은 변수 이름으로 사용할 수 없다.
6. 변수가 의미하는 것이 무엇인지 단번에 이해되고, 프로그램과 관련된 이름을 붙이는 것이 좋다.

변수의 활용-토끼와 거북이

변수를 활용하여 다음과 같은 이야기가 있는 프로그램을 만들 수 있다.

토끼와 거북이는 달리기 경주를 하게 되었다. 토끼와 거북이는 각자의 속도로 달려 결승선에 도착하면 각자가 좋아하는 음식을 먹을 수 있다. 이때, 토끼의 속도는 10이고, 거북이의 속도는 3이다. 토끼가 좋아하는 음식은 당근이고, 거북이가 좋아하는 음식은 시금치이다.

1 프로그램 계획

위와 같은 내용의 프로그램을 만들기 위해서 다음과 같은 변수가 필요하다.

- 토끼의 속도를 저장하는 변수 : rabbit_speed
- 거북이의 속도를 저장하는 변수 : turtle_speed
- 토끼가 좋아하는 음식을 저장하는 변수 : rabbit_food
- 거북이가 좋아하는 음식을 저장하는 변수 : turtle_food

프로그래밍을 할 때, 변수의 이름을 a, b와 같은 간단한 이름 대신 이와 같이 복잡한 이름을 사용하는 이유는 무엇일까? 프로그램을 작성할 때 여러 개의 변수를 사용하게 되는 경우가 일반적인데, 변수의 이름에 저장될 자료의 의미로 부여하면 다른 변수와 헷갈리지 않고, 프로그램을 쉽게 해석할 수 있기 때문이다

2 프로그램 작성

쉘 창을 연 후, 앞에서 주어진 내용들을 바탕으로 다음과 같은 코드를 입력해 보자.

```
>>> rabbit_speed = 10
>>> turtle_speed = 3
>>> rabbit_food = '당근'
>>> turtle_food = '시금치'
>>> print(rabbit_speed)
10
>>> print(turtle_speed)
3
>>> print(rabbit_food)
당근
>>> print(turtle_food)
시금치
>>>
```

먼저, 변수 rabbit_speed에 토끼의 속도인 10을 저장한다. 변수 turtle_speed에 거북이의 속도인 3을 저장한다. 그 다음, 변수 rabbit_food에는 당근을 저장한다. 변수 turtle_food에는 시금치를 저장한다.

마지막으로 변수에 어떤 값이 저장되었는지 print()를 사용해 출력하여 확인해 보자.

자료형

Preview

숫자 자료형, 문자열 자료형, 참/거짓 자료형, 자료의 형변환

input() : 사용자로부터 자료를 입력

type() : 어떤 자료형이 저장되었는지 확인

변수에 입력된 자료는 숫자, 문자열, 참/거짓(Boolean) 자료 등으로 구분된다. 자료형은 이 자료들의 유형을 말한다. 파이썬은 다양한 자료형을 알아서 인식하기 때문에 컴퓨터에게 일일이 자료형을 알려줄 필요가 없지만, 자료의 유형을 변환해야 하는 경우가 종종 발생하므로 알아 둘 필요가 있다.

자료형

1 숫자

파이썬에서는 숫자를 표현하기 위하여 '정수(int)'와 '실수(float)'를 나타내는 두 가지 자료형을 사용한다. 정수형은 -20, -1, 0, 5, 100 등이고, 실수는 소수점을 사용하는 -2.424, 0.0, 567.891 등을 말한다.

다음과 같은 코드를 확인해 보자. 변수 my_car_no에 입력된 값의 자료형은 정수에 해당된다.

또한 내 차의 주유량을 변수 값으로 할당하고 싶다면 변수를 my_car_gas로 설정하고 my_car_gas 변수에 62.5를 할당한다. 입력된 값의 자료형은 실수에 해당된다.

```
>>> my_car_no = 2
>>> print(my_car_no)
2
```

▲ 자료형이 정수

```
>>> my_car_gas=62.5
>>> print(my_car_gas)
62.5
```

▲ 자료형이 실수

2 문자열

파이썬에서 문자열(string)은 문자, 숫자, 공백, 특수문자 등을 포함한다. 문자열을 표현하기 위해서는 반드시 작은따옴표나 큰따옴표를 사용해야 하며 문자열이 따옴표 사이에 위치해야 한다.

다음과 같은 코드를 확인해 보자. 변수 my_car에 입력된 값인 'Lamborghini'의 자료형은 문자열에 해당한다.

```
>>> my_car = 'Lamborghini'
>>> print(my_car)
Lamborghini
```

3 Boolean형

Boolean형은 참과 거짓의 값을 표현할 때 사용한다. 파이썬에서는 참이나 거짓을 각각 'True' 와 'False'로 나타낸다.

예를 들어, 만약 차 수리가 완료되었으면 my_car_fix라는 변수에 'True'를 할당하고, 그렇지 않으면 'False'를 할당한다고 할 때 다음과 같이 Boolean형을 사용한다.

```
>>> my_car_fix = True
>>> print(my_car_fix)
True

>>> my_car_fix = False
>>> print(my_car_fix)
False
```

True와 False를 표현할 때에는 이미 정해진 키워드이므로 작은따옴표('')를 사용하지 않는다!

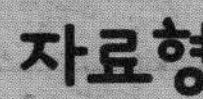

자료의 형변환

파이썬에서 자료형을 바꿔 프로그래밍을 해야 할 때가 있다.
예를 들어, 변수 my_car_no에 저장된 값을 증가하고자 다음과 같이 코드를 입력해 보자.

```
>>> my_car_no = 2
>>> print(my_car_no + input('차를 몇 대 더 사셨나요?'))
```

이 프로그램에서 input()은 사용자로부터 자료를 입력받을 때 사용하는 함수다. 이 프로그램을 실행시키면 다음과 같이 차를 몇 대 더 샀는지를 물어본다.

```
차를 몇 대 더 사셨나요?
```

질문에 답을 하기 위해 아래 화면과 같이 '1'을 입력하면, 변수 my_car_no에 저장된 값(즉, 2)와 더한 결과값인 3으로 출력될 것 같지만 결과는 다음과 같이 TypeError가 발생한다.

```
Python 3.6.1 Shell
File  Edit  Shell  Debug  Options  Window  Help
Python 3.6.1 (v3.6.1:69c0db5, Mar 21 2017, 18:41:36) [MSC v.1900 64 bit (AMD64)]
 on win32
Type "copyright", "credits" or "license()" for more information.
>>> my_car_no = 2
>>> print(my_car_no + input('차를 몇 대 더 사셨나요?'))
차를 몇 대 더 사셨나요?1
Traceback (most recent call last):
  File "<pyshell#1>", line 1, in <module>
    print(my_car_no + input('차를 몇 대 더 사셨나요?'))
TypeError: unsupported operand type(s) for +: 'int' and 'str'
>>>
```

왜냐하면 input() 함수를 통해 입력받은 값은 무조건 문자열로 인식하기 때문에 이와 같은 에러가 발생한 것이다. 따라서 int() 명령어를 사용하여 형변환을 해야 한다.
다음과 같이 코드를 수정한 후, 결과를 확인해 보자.

```
>>> my_car_no = 2
>>> print(my_car_no + int(input( ' 차를 몇 대 더 사셨나요? ' )))
```

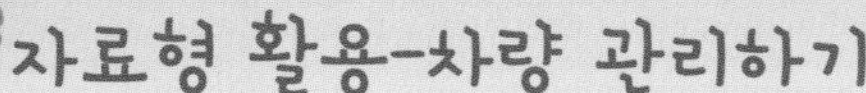

자료형 활용-차량 관리하기

차량 관리가 편하도록 관리하고 있는 차는 총 몇 대인지, 새로 구입한 차의 이름은 무엇인지, 새 차의 연료통에는 몇 ℓ 의 연료가 들어가는지를 입력하여 필요할 때마다 차량의 정보를 출력하는 차량 관리 프로그램을 만들어 보려고 한다.

먼저, 차량 관리에 필요한 정보에 대해 정리해 보자. 현재 관리하고 있는 차는 총 2대이며, 새로 구입한 차 이름은 Lamborghini이고, 이 차의 연료 탱크 용량은 62.5ℓ 이다.

1 프로그램 계획

위와 같은 내용의 프로그램을 만들기 위해서 다음과 같은 변수가 필요하다.

- 관리하는 차량의 개수를 저장하는 변수 : my_car_total
- 새로 구입한 차의 이름을 저장하는 변수 : my_car_name
- 새 차의 연료 탱크 용량을 저장하는 변수 : my_car_gas

이때, 관리하는 차량의 개수는 정수로 입력되므로 자료형은 정수형이어야 한다. 새로 구입한 차는 문자로 입력되므로 자료형은 문자열이고, 새 차의 연료 탱크 용량은 소수로 입력되므로 자료형은 실수형이어야 한다.

2 프로그램 작성

코드 창을 연 후, 앞에서 살펴보았던 내용들을 바탕으로 다음과 같은 코드를 입력해 보자. 이때, type() 함수를 사용해 어떤 자료형이 저장되었는지 확인할 수 있다.

정수형을 의미하는 integer에서 int를 따온 int() 를 사용한다.

```
my_car_total = int(input('현재 보유하고 있는 차의 총 대수는?'))
my_car_name = input('새로 구입한 차의 이름은?')
my_car_gas = float(input('구입한 차량의 연료 탱크의 용량은?'))

print(type(my_car_total))
print(type(my_car_name))
print(type(my_car_gas))
```

저장을 하고 실행시키면 다음과 같은 화면이 나타난다.

결과 화면

```
현재 보유하고 있는 차의 총 대수는?2
새로 구입한 차의 이름은?Lamborghini
구입한 차량의 연료 탱크의 용량은?62.5
<class 'int'>
<class 'str'>
<class 'float'>
>>>
```

연산자

산술 연산

파이썬에서 사용하는 산술 연산자는 다음과 같다. 수학에서 배운 연산자와 차이가 있으니 잘 살펴보자.

연산자	역할	예시
+	덧셈	2 + 3 결과 : 5
−	뺄셈	2 − 3 결과 : 1
*	곱셈	2 * 3 결과 : 6
/	나눗셈	3 / 2 결과 : 1.5
%	나머지	3 % 2 결과 : 1
//	몫	3//2 결과 : 1
**	지수	3**2 결과 : 9

연산자 간의 우선순위는 수학과 마찬가지로 '*'과 '/'가 높으며, 이보다 낮은 우선순위의 연산자인 '+'이나 '−'를 먼저 연산하려면 괄호 '( )'를 사용하면 된다. 쉘 창에 다음과 같은 코드를 입력하고 결과를 비교해 보자.

```
>>> 3+5*2
13
>>> (3+5)*2
16
```

비교 연산

파이썬에서 변수나 값을 비교하여 다음 명령을 실행해야 할 때 다음과 같은 비교 연산자를 사용한다. 비교 결과는 참(True) 또는 거짓(False)으로 반환된다.

연산자	역할	예시
==	같다	10 == 20 결과 : False
!=	다르다	10 != 20 결과 : True
<	미만	10 < 20 결과 : True
<=	이하	10 <= 20 결과 : True
>	초과	10 > 20 결과 : False
>=	이상	10 >= 20 결과 : False

수학에서 '같다'를 의미하는 '=(등호)'는 프로그래밍에서 '=' 단독으로 쓰였을 경우, 오른쪽에 있는 내용을 왼쪽으로 할당한다는 의미이다.

다음과 같은 코드를 입력하여 변수에 저장된 값을 비교 연산해 보자. 저장한 후, 결과를 확인해 보자.

```
a=50
b=31

print(a==b)
print(a!=b)
print(a<b)
print(a<=b)
print(a>b)
print(a>=b)
```

결과 화면

```
False
True
False
False
True
True
>>>
```

연산자 활용-계산기 만들기

다음과 같이 사칙연산을 할 수 있는 간단한 계산기 프로그램을 만들어 보자.

결과 화면

```
첫 번째 숫자를 입력하세요: 5
두 번째 숫자를 입력하세요: 4
원하는 연산(덧셈은 1, 뺄셈은 2, 곱셈은 3, 나눗셈은 4)를 선택하세
요: 3
결과 값 : 20
>>>
======================================================
첫 번째 숫자를 입력하세요: 5
두 번째 숫자를 입력하세요: 4
원하는 연산(덧셈은 1, 뺄셈은 2, 곱셈은 3, 나눗셈은 4)를 선택하세
요: 7
연산을 잘못 선택하셨습니다.
>>>
```

1 프로그램 계획

두 수를 입력 받고 연산자를 선택하여 결과를 출력하는 프로그램을 만들어 보자. 이때 필요한 변수는 다음과 같다.

- 첫 번째 입력 받은 숫자를 저장하는 변수 : first
- 입력 받은 연산자를 저장하는 변수 : op
- 두 번째 입력 받은 숫자를 저장하는 변수 : second
- 결과 값을 저장하는 변수 : result

2 프로그램 작성

이 계산기는 입력 받은 두 수를 연산하고 그 결과값을 출력한다. if~elif~else 조건문을 사용하여 입력 받은 연산자에 따라 서로 다른 연산이 이루어지도록 한다. 이 프로그램에서 유의할 점은 input() 함수로 입력받은 값은 문자열로 인식하기 때문에 연산을 수행하기 위해서는 입력받은 문자열을 숫자 자료형으로 변경해주어야 한다는 점이다.

다음과 같이 코드를 입력하여 저장한 뒤, 실행시켜 결과를 출력해 보자.

```
first = int(input('첫 번째 숫자를 입력하세요: '))
second = int(input('두 번째 숫자를 입력하세요: '))
op = int(input('원하는 연산(덧셈은 1, 뺄셈은 2, 곱셈은 3, 나눗셈은 4)을 선
택하세요: '))

if op == 1:
    result = first + second
    print('결과 값 :', result)
elif op == 2:
    result = first - second
    print('결과 값 :', result)
elif op == 3:
    result = first * second
    print('결과 값 :', result)
elif op == 4:
    result = first / second
    print('결과 값 :', result)
else:
    print('연산을 잘못 선택하셨습니다.')
```

while문

Preview

while : 조건에 따라 반복

time 모듈

sleep() : 괄호 안에 n초 동안 명령 수행을 지연

while문은 for문과 함께 파이썬에서 자주 사용되는 대표적인 반복문이다. 둘의 차이점이라면 for문은 반복 횟수를 정확하게 알고 있을 때 사용하지만, while문은 반복 횟수는 알지 못하고 정해진 조건을 만족하는 동안 반복하도록 할 때 사용한다.

다음의 예를 통해 for문과 while문의 차이점을 이해해 보자.

```
for 걸음 수 in range (5):
    걷는다
```

▲ for를 이용한 반복문

```
While(친구와 만날 때까지):
    걷는다
```

▲ while을 이용한 반복문

while 반복문은 다음과 같은 형식으로 파이썬에서 활용된다. 괄호 안에 조건을 만족할 때까지 아래 주어진 명령들을 수행한다.

```
while 조건:
    반복할 명령1
    반복할 명령2
```

조건만큼 반복하는 while문

주어진 조건에 따라 다음 명령을 반복하는 while문을 이해하기 위해 비밀번호를 입력하면 문이 열리도록 프로그램을 만들어 보자.

while문

비밀번호가 "1234"라고 할 때, 사용자로부터 비밀번호가 일치할 때까지 숫자 4자리를 입력 받으려면 while문을 사용하게 된다. 횟수에는 제한이 없지만 입력 받은 비밀번호와 저장되어 있는 비밀번호가 일치할 때까지 명령을 반복해야 한다.
다음과 같이 코드를 입력해 보자.

```
pw='1234'
temp_pw = '0000'
while (temp_pw != pw):
    temp_pw = input('비밀번호를 입력하세요 : ')
print('문이 열립니다')
```

결과 화면

```
비밀번호를 입력하세요 : 1357
비밀번호를 입력하세요 : 1234
문이 열립니다
>>>
```

같은 내용의 반복문을 for나 while로 작성했을 때 어떻게 다를까?

같은 내용의 반복문을 for문이나 while문으로 작성할 때 그 둘은 어떻게 다를지 다음의 내용을 살펴보자. 예를 들어, "Python is powerful!"을 5회 반복하여 출력하는 프로그램을 만들어 보자. 다음과 같이 각각 for와while를 사용하여 코드를 작성해 보면 그 결과는 같다는 것을 알 수 있다.

for문으로 작성된 프로그램	while문으로 작성된 프로그램

for n in range(5):
    print('Python is powerful!')
	while(n<5):
	    print('Python is powerful!')
	    n=n+1

무한 반복하는 while문

명령을 무한 반복으로 수행해야 할 경우에도 while문을 사용할 수 있다.

예를 들어, 신호등 프로그램을 만든다고 하자. 신호등은 365일 24시간 작동되어야 한다. 녹색 불이 20초 간 켜진 후, 빨간색 불이 10초 간 켜지는 동작을 무한 반복한다고 가정할 때, 다음과 같이 while문을 사용하여 코드를 입력해 보자.

시간과 관련된 기능을 사용해야 하므로 time 모듈을 사용한다. 여기서는 sleep() 함수를 사용하기 위해 'from time import *'를 입력한다.

앞서 'while (조건)'과는 달리 명령을 무한 반복할 때에는 'while True'를 쓴다. 이때 반드시 'True'는 대문자 T를 써야 한다.

sleep() 함수는 괄호 안에 지정한 n초 동안 명령 수행을 지연시키기 때문에 신호등이 동작하는 시간을 표현할 수 있다.

프로그램 실행 결과는 다음과 같다.

```
from time import *

while True:

    for green in range(20, -1, -1):
        print('Green', green, 'sec')
        sleep(1)
    for red in range(10, -1, -1):
        print('Red', red, 'sec')
        sleep(1)
```

결과 화면

```
Green 20 sec
Green 19 sec
 ⋮
Green 1 sec
Green 0 sec
Red 10 sec
Red 9 sec
 ⋮
Red 1 sec
Red 0 sec
Green 20 sec
 ⋮
```

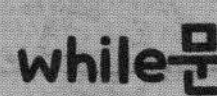

while 활용-마트에서 과자사기

마트에서 사용할 수 있는 10,000원짜리 기프트 카드가 있다. 이 카드로 마트에서 과자를 골라 결제할 수 있다. 충전된 금액 내에서 과자를 계속 구매할 수 있다. 과자를 골라 구매하면 카드에 잔액이 얼마나 남았는지 알려주는 프로그램을 만들어 보자. 만약, 충전된 금액을 모두 사용했거나 잔액으로 구매할 수 있는 과자가 없다면 메시지를 출력하도록 한다.

먼저, 마트에서 구매할 수 있는 과자 목록을 다음과 같다.

- 꽃게과자 : 2,000원
- 포테이토 칩 : 1,800원
- 새우과자 : 1,500원
- 아이스크림 : 1,000원
- 초콜릿 : 700원
- 사탕 : 500원

1 프로그램 계획

위와 같은 내용의 프로그램을 만들기 위해서 다음과 같은 변수가 필요하다.

- 카드 잔액을 저장하는 변수 : total
- 선택된 과자 번호를 저장하는 변수 : select

2 프로그램 작성

이 프로그램은 사용자에게 마트에 어떤 과자가 있는지를 알려주고 사용자가 과자에 부여된 번호를 선택하면 그 과자를 지불할 금액이 카드에 남아있는지를 확인한 후, 금액이 충분하다면 현재 카드 잔액에서 과자 값을 빼고 남은 금액을 출력하여 알려준다.

이때, 잔액이 500원이 남은 상태에서 '4(아이스크림)'를 선택한다면 구입할 수 없는 과자라고 메시지를 출력하고 다른 과자를 선택하도록 한다. 또한, 목록에 있는 과자 외에 다른 번호를 선택할 때에도 같은 메시지를 출력한다.

마지막으로, 잔액이 500원 미만으로 남았다면 현재 카드의 잔액이 얼마인지를 출력한다.

다음과 같이 코드를 입력해 보자.

```
total=10000

print('''<마트 과자 진열대>
1. 꽃게과자 : 2,000원 2. 포테이토칩 : 1,800원
3. 새우과자 : 1,500원 4. 아이스크림 : 1,000원
5. 초콜릿 : 700원 6. 사탕 : 500원''')
print('카드에 10000원이 충전되어 있습니다.')

while(total >=500): #가장 낮은 과자 값이 500원이므로, 잔액이 500원 이상일 때만 과자 구입 가능
    select = input('원하는 과자의 번호를 선택하세요:')
    if total >= 2000 and select =='1': #1을 입력 받았고 잔액이 2000원 이상일 때 실행(두 조건을 모두 만족시켜야만 아래 명령을 실행시키므로 and 사용)
        total = total - 2000
    elif total >= 1800 and select =='2':
        total = total - 1800
    elif total >= 1500 and select =='3':
        total = total - 1500
    elif total >= 1000 and select =='4':
        total = total - 1000
    elif total >= 700 and select =='5':
        total = total - 700
    elif select =='6':
        total = total - 500
    else:
        print('구입할 수 없는 과자입니다. 다시 선택해 주세요:')
    print('현재 ',total, '원 남았습니다.')
print('잔액은 총 ',total,'원입니다.') #while문 종료 후 이 명령을 실행
```

'''와 ''' 사이에 문장을 넣으면 줄 바꿈까지 인식하여 화면에 출력할 수 있다.

프로그램을 저장한 후, 실행하면 다음과 같은 결과 화면이 출력된다.

결과 화면

```
<마트 과자 진열대>
1. 꽃게과자 : 2,000원 2. 포테이토칩 : 1,800원
3. 새우과자 : 1,500원 4. 아이스크림 : 1,000원
5. 초콜릿 : 700원 6. 사탕 : 500원
카드에 10000원이 충전되어 있습니다.
원하는 과자의 번호를 선택하세요:1
현재  8000 원 남았습니다.
원하는 과자의 번호를 선택하세요:2
현재  6200 원 남았습니다.
원하는 과자의 번호를 선택하세요:3
현재  4700 원 남았습니다.
원하는 과자의 번호를 선택하세요:4
현재  3700 원 남았습니다.
원하는 과자의 번호를 선택하세요:5
현재  3000 원 남았습니다.
원하는 과자의 번호를 선택하세요:6
현재  2500 원 남았습니다.
원하는 과자의 번호를 선택하세요:7
구입할 수 없는 과자입니다. 다시 선택해 주세요:
현재  2500 원 남았습니다.
원하는 과자의 번호를 선택하세요:1
현재  500 원 남았습니다.
원하는 과자의 번호를 선택하세요:6
현재  0 원 남았습니다.
잔액은 총  0 원입니다.
>>>
```

함수와 리스트

함수

함수는 프로그램 안에서 특정한 작업을 수행하는 작은 프로그램이다. 함수 print()나 input()과 같이 이미 이미 파이썬에서 만들어져 사용할 수도 있지만, 파이썬에 정의되어 있지 않아 사용자가 함수를 직접 정의하여 사용할 수도 있다. 필요할 때마다 함수를 불러와 사용하면 되기 때문에 같은 내용의 코드를 반복하여 여러 줄을 작성할 필요가 없어 편리하다.

예를 들어, 다음과 같은 패턴으로 정사각형을 세 번 그리는 프로그램은 함수를 만들지 않고 for문을 사용해도 간단하게 작성할 수 있다.

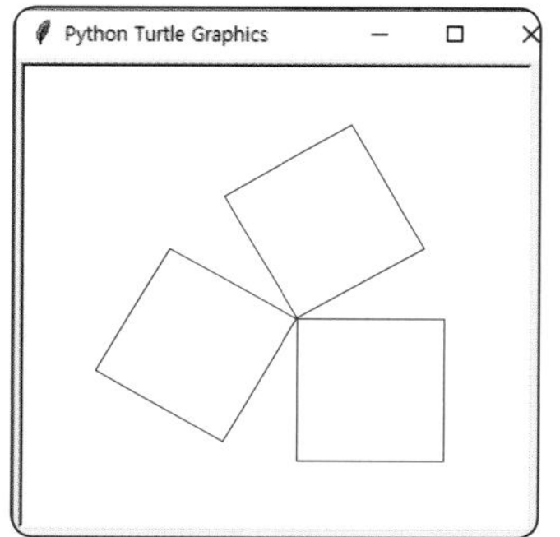


```
from turtle import *

for j in range(3):
    for i in range(4):
        forward(50)
        right(90)
    left(120)
```

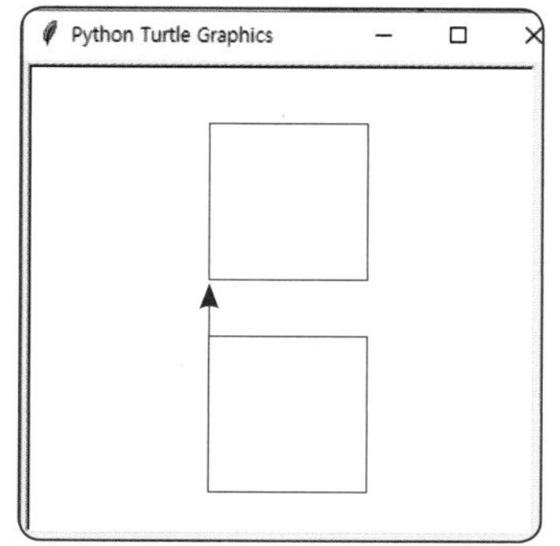

그러나 다음과 같이 똑같은 정사각형을 일정한 패턴 없이 그릴 경우 함수를 사용하는 것이 효율적이다. 다음과 같이 코드를 입력하여 비교해 보자.

```
from turtle import *

for i in range(4):
    forward(50)
    right(90)

left(90)
forward(100)

for i in range(4):
    forward(50)
    right(90)
```

▲ 함수를 사용하지 않았을 때

```
from turtle import *

def square():
    for i in range(4):
        forward(50)
        right(90)
square()
left(90)
forward(100)
square()
```

▲ 함수를 사용했을 때

왼쪽과 같이 코드를 작성하면 2개의 사각형을 그리기 위하여 같은 명령을 두 번 작성하게 되므로 비효율적인 프로그래밍을 하게 된다. 하지만 오른쪽과 같이 사각형을 그리는 함수로 square()를 정의하여 필요할 때 호출하면 코드가 간단해지고 효율적으로 작업을 할 수 있다.

리스트

만약 같은 종류의 자료를 대량으로 저장해야 한다면, 자료별로 각각 변수를 만들지 않고도 편리하게 저장할 수 있는 방법이 있다. 바로 '리스트'라는 구조이다. 리스트를 활용하면 자료들을 정해진 순서대로 저장할 수 있다. 리스트는 숫자나 문자열을 포함할 수도 있고 숫자와 문자열을 혼합하여 사용할 수도 있다. 각 자료에는 인덱스라고 불리는 번호가 주어진다. 인덱스를 사용하여 자료에 접근할 수 있다. 리스트에 저장되어 있는 자료들을 수정할 수도 있고 삭제, 추가할 수도 있다.

리스트를 살펴보기 위해 쉘 창에 다음과 같이 코드를 작성해 보자.

```
          0번째           1번째       2번째         3번째          4번째
>>> fruit = ['strawberry', 'grape', 'orange', 'watermelon', 'tomato']
```

리스트 명

문자열을 입력할 때 ' '를 사용해야 한다.
숫자 자료는 숫자 그대로 입력한다.

리스트에 포함되는 자료들은 [ ] 안에 작성한다.

리스트에 있는 자료를 사용하기 위해서는 인덱스라고 불리는 번호를 활용한다. 리스트의 인덱스는 0부터 시작한다. 위와 같은 리스트에서 0번째, 1번째, 2번째, …가 바로 '인덱스'이다. 파이썬에서 리스트의 자료를 사용하려면 다음과 같이 '리스트 명[인덱스]'로 작성하면 된다.
예를 들어, 위의 리스트에서 grape를 찾아 출력하고 싶다면 다음과 같이 쉘 창에 코드를 입력한 후, 결과를 확인해 보자.

```
>>> print(fruit[1])
grape
>>>
```

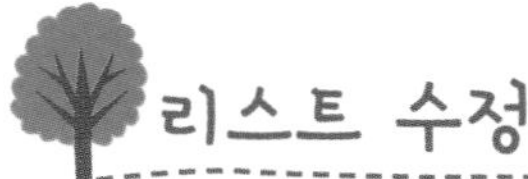

리스트 수정

1 리스트 자료의 삽입•추가

앞서 작성한 리스트에서 orange 앞에 'lemon'을 삽입하고 싶다면 다음과 같이 'insert(위치, 자료)'를 이용하여 자료를 삽입할 수 있다.

```
>>> fruit.insert(2, 'lemon')
```

이때, lemon이 삽입되면서 리스트에서 orange는 3번째 인덱스에서 4번째 인덱스로 이동하게 된다. 다음과 같이 fruit 리스트를 출력해서 결과를 확인해 보자.

```
>>> print(fruit)
['strawberry', 'grape', 'lemon', 'orange', 'watermelon', 'tomato']
>>>
```

이번에는 리스트에 자료를 추가해 보자. 다음과 같이 'append(자료)'를 이용하여 'peach'를 추가하면 된다.

```
>>> fruit.append('peach')
```

insert와 달리 append는 리스트의 마지막에 자료를 추가하게 된다. 다음과 같이 fruit 리스트를 출력하면 6번째 인덱스에 'peach'가 추가된 것을 확인할 수 있다.

```
>>> print(fruit)
['strawberry', 'grape', 'lemon', 'orange', 'watermelon', 'tomato', 'peach']
>>>
```

2 리스트 자료의 삭제

리스트에서 자료를 삭제하고자 할 때에는 다음과 같이 'del 리스트 명[인덱스]' 를 이용하여 삭제할 수 있다. 다음과 같이 fruit 리스트에서 'lemon'을 삭제해 보자.

```
>>> del fruit[2]
```

fruit 리스트를 출력해 결과를 확인해 보자. 'lemon'이 삭제된 것을 확인할 수 있는가?

```
>>> print(fruit)
['strawberry', 'grape', 'orange', 'watermelon', 'tomato', 'peach']
>>>
```

3 리스트 자료의 결합

	0	1	2	3
myNum	3	1	5	4

	0	1	2	3
yourNum	6	6	8	8

다음과 같이 myNum 리스트와 yourNum 리스트가 있을 때, 이 리스트들을 하나의 리스트로 합치려고 한다. 새로운 리스트를 다시 만들어야 할까? 그렇지 않다. 간단히 '+' 연산자를 사용하여 두 리스트를 하나로 합칠 수 있다. '+' 연산자는 숫자 자료의 덧셈에도 이용되지만, 리스트나 문자를 결합할 때에도 사용한다. 쉘 창에 다음의 코드를 입력한 후, 결과를 확인해 보자.

```
>>> myNum = [3, 1, 5, 4]
>>> yourNum = [6, 6, 8, 8]
>>> allNum = myNum + yourNum
>>> print(allNum)
[3, 1, 5, 4, 6, 6, 8, 8]
>>>
```

함수와 리스트 활용-터틀 그림판

파이썬을 모르는 사용자도 컴퓨터가 미리 알려주는 간단한 명령어로 그림을 그릴 수 있도록 터틀 그림판 프로그램을 만들어 보자.

f100/l90/
f100/l30/f100/
l120/f100/f30/
f100

예를 들어, 사용자가 'f100'을 입력하면 터틀이 앞으로 100픽셀 이동하도록 하자.

1 프로그램 계획

위와 같은 내용의 프로그램을 만들기 위해서 다음과 같은 함수를 정의하고 리스트와 변수가 필요한다.

- anal_command(command) : 명령어를 분석하는 함수
- turtle_drawing(move_type, value) : 터틀 동작 유형과 수치 값에 따라 터틀이 그림을 그리도록 하는 함수
- command_list : 입력 받은 명령을 명령별로 구분한 후 저장해 놓은 리스트
- command : 입력 받은 명령을 저장하는 변수
- data : commnad_list에 저장된 자료를 저장하는 변수
- move_type : 터틀에 내려진 명령을 저장하는 변수
- value : 터틀 이동 거리나 회전 각도를 저장하는 변수

이전에 만들어 본 프로그램들에 비해 터틀 그림판 프로그램을 만드는 것이 어렵게 느껴질 것이다. 하지만 어떤 부분부터 프로그램을 작성할 것인지 그림으로 표현해 작은 부분부터 해결해 나간다면 프로그램을 좀 더 쉽게 작성하고 어떻게 작동되는지 이해할 수 있을 것이다. 프로그램이 어떤 순서로 수행되는지(작성되는지) 도형을 이용하여 그릴 수 있는데 이것을 '순서도'라고 한다.

더 파고들기

순서도

순서도를 활용하면 복잡한 프로그램의 제작 순서 또는 프로그램의 수행 과정을 한눈에 알아볼 수 있다. 순서도에서 사용하는 도형은 오른쪽 표에서 알 수 있듯이 각각 의미가 있다.

순서도를 활용하면 프로그램의 전체 흐름을 파악하기 쉽고, 어떠한 명령을 사용해야 하는지를 이해하는 데 도움이 된다.

도형	의미
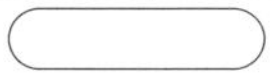 (둥근 사각형)	시작, 끝
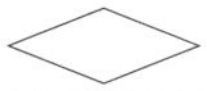 (마름모)	조건 분기
 (사각형)	수행(처리)
 →	처리 흐름

우리가 만들어 볼 터틀 그림판 프로그램은 다음과 같이 세 부분으로 나누어 계획해 보자.

- 터틀 그림판 프로그램 사용 방법 안내 및 명령 입력 받기
- 입력 받은 명령을 분석하는 anal_command(command) 함수 구현하기
- 입력 받은 명령에 따라 그림을 그리는 turtle_drawing(type_move, value) 함수 구현하기

위와 같이 계획을 토대로 한 순서도를 살펴보고 프로그램을 어떻게 작성할 것인지 구체적으로 생각해 보자.

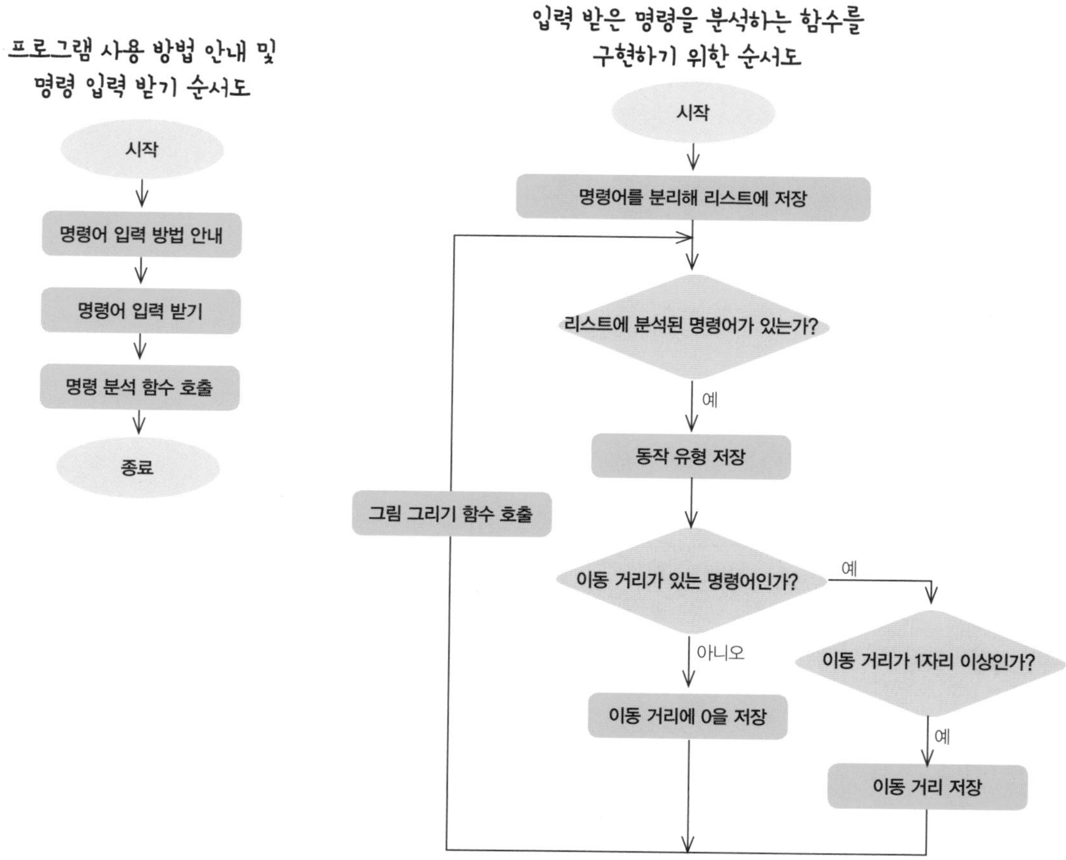

입력 받은 명령에 따라 그림 그리기 함수를 구현하기 위한 순서도

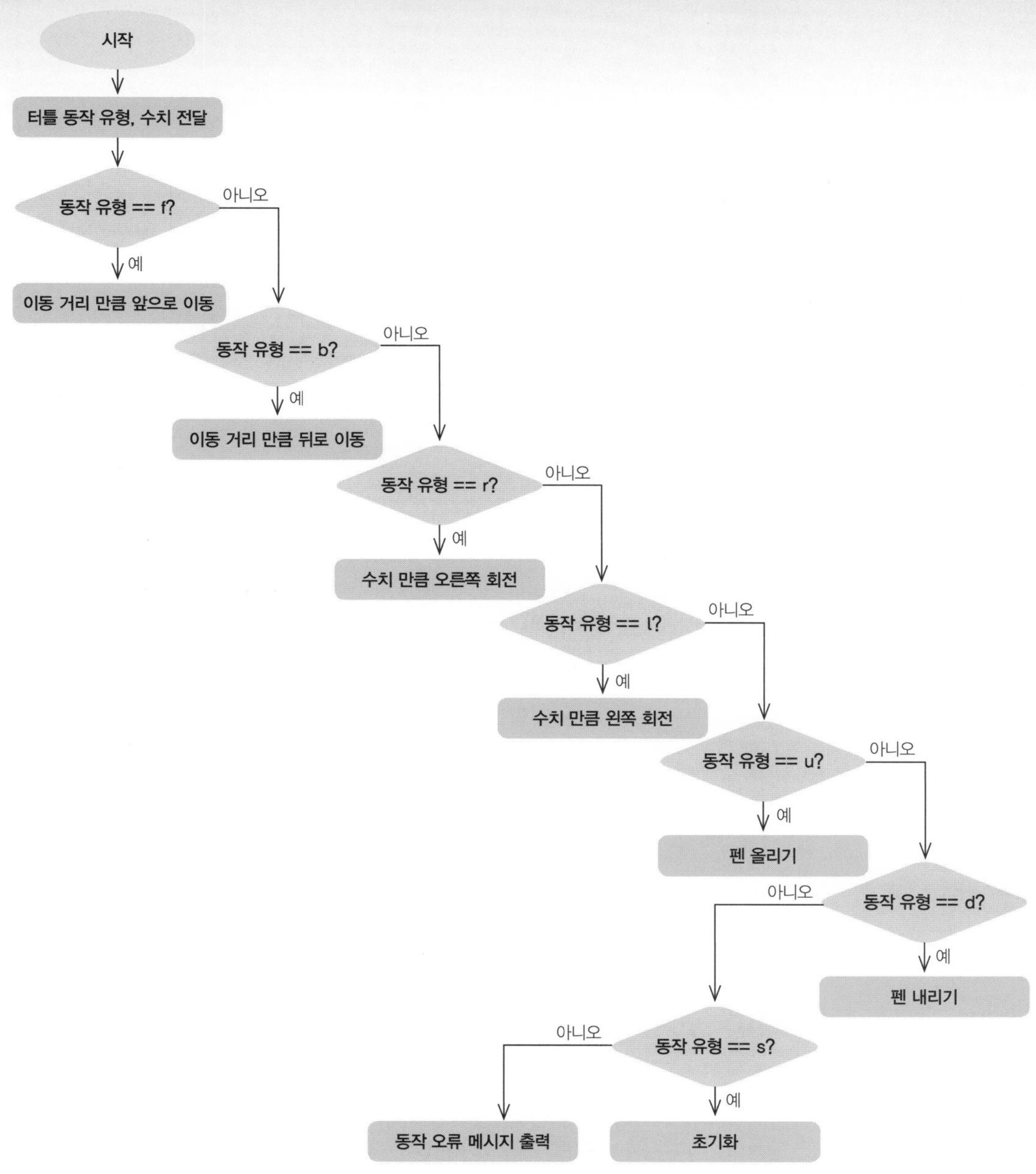

2 프로그램 작성

앞서 세운 프로그램 계획와 순서도를 바탕으로 터틀 그림판 프로그램을 작성해 보자. 마찬가지로 3부분으로 나누어 프로그램을 작성해 보자.

❶ 명령어 입력 방법 안내

먼저 터틀 그림판 프로그램 사용자가 터틀 동작을 제어하는 명령어를 어떻게 입력하면 되는지 알려주는 안내 메시지를 출력한다. 그리고 사용자가 입력 방법에 따라 명령어를 입력하면 이를 변수 command에 저장한다. 예를 들어, 'f50/r90/f100/u/f100/d/f20'을 입력 받았다면 변수 command에 f50/r90/f100/u/f100/d/f20이 저장되어 있는 것이다.

그 다음 입력 받은 명령어를 분석하는 함수를 호출한다. 함수를 호출하는 방법은 '함수 이름(전달할 인자)'로 작성하면 된다. 여기서는 전달할 인자를 삽입하는 괄호 안에 입력 받은 명령어가 저장되어 있는 변수 command를 넣어주면 된다.

다음과 같이 코드를 입력해 보자.

```
print('''터틀을 움직이기 위한 명령을 입력하세요.
앞으로 이동 : f (예: f50은 앞으로 50픽셀 이동)
뒤로 이동 : b (예: b50은 뒤로 50픽셀 이동)
오른쪽으로 회전 : r (예: r90은 오른쪽으로 90도 회전)
왼쪽으로 회전 : l (예: l90은 왼쪽으로 90도 회전)
펜 올리기 : u, 펜 내리기 : d, 초기화 : s
각 명령은 '/'로 구분해 주세요.
터틀 동작 제어 명령 작성 예 : f50/r90/f100/u/f100/d/f20''')

command = input('터틀 동작 제어를 위한 명령을 입력해 주세요 :')

anal_command(command) #함수 호출
```

❷ anal_command(command) 함수 구현하기

함수 'anal_command(command)'는 사용자로부터 입력 받은 명령어를 분석하는 함수이다. 동작 유형을 결정하는 문자와 이동 거리나 회전 각도를 나타내는 수치를 추출하여 터틀이 명령에 따라 그림을 그리도록 하는 함수에 전달한다.

먼저, 입력 받은 명령어는 여러 동작을 하기 때문에 anal_command(command) 함수는 입력 받은 명령어들을 동작별로 구분하여 그림을 그리도록 하기 위해 'split('분리할 기준 문자')'를 사용한다. 변수 command에 저장된 명령을 '/'를 기준으로 리스트 'command_list'에 분리하여 저장한다. 이를 표로 나타내면 다음과 같다.

인덱스	0	1	2	3	4	5	6
저장 자료	f50	r90	f100	u	f100	d	f20

함수는 호출되기 전에 그 함수가 어떤 역할을 하는지 정의되어 있어야 한다. 따라서 ❶의 마지막 줄에 있는 'anal_command(command)'보다 위에 anal_command(command) 함수가 정의되어야 한다.

❶의 코드 윗 부분에 다음과 같이 코드를 입력해 보자. 아직 미완성이지만 리스트 command_list에 어떤 내용이 어떻게 저장되어 있는지 확인하기 위해 print(command_list)를 넣어 출력해 보자. 입력 받은 명령어가 '/'을 기준으로 분리되어 ['f50', 'r90', 'f100', 'u', 'f100', 'd', 'f20'] 와 같이 저장되어 있는 것을 확인할 수 있다.

'print(command_list)' 리스트에 자료들이 어떻게 저장되는지 확인하기 위함이었으므로 출력 결과 확인 후, 삭제한다.

```
from turtle import *

def anal_command(command): #함수 정의
    command_list = command.split('/')
    print(command_list)
```

```
터틀을 움직이기 위한 명령을 입력하세요.
앞으로 이동 : f (예: f50은 앞으로 50픽셀 이동)
뒤로 이동 : b (예: b50은 뒤로 50픽셀 이동)
오른쪽으로 회전 : r (예: r90은 오른쪽으로 90도 회전)
왼쪽으로 회전 : l (예: l90은 왼쪽으로 90도 회전)
펜 올리기 : u, 펜 내리기 : d, 초기화 : s
각 명령은 '/'로 구분해 주세요.
터틀 동작 제어 명령 작성 예 : f50/r90/f100/d/f20
터틀 동작 제어를 위한 명령을 입력해 주세요 : f50/r90/f100/u/f100/d/f20
['f50', 'r90', 'f100', 'u', 'f100', 'd', 'f20']
```

command_list에 저장된 명령을 터틀의 동작 유형과 동작 거리나 회전 각도의 수치로 분석하는 작업은 리스트에 저장된 자료의 개수만큼 반복된다. 특정 횟수만큼 반복하므로 for문을 사용한다. 또한 command_list에 저장된 자료 개수만큼 반복하므로 'range()' 대신 'command_list'를 사용한다. data는 command_list에 저장된 요소들을 하나씩 저장하여 이어질 코드에서 활용하기하기 위해 사용된다. 예를 들어, f50/r90/f100/u/f100/d/f20을 입력 받았다면 data에는 command_list의 첫 요소인 'f50'이 저장된다.

입력 받은 명령어에서 첫 번째 문자는 터틀이 앞으로 이동할지, 뒤로 이동할지, 어떻게 회전을 할지 등의 동작을 결정한다. 이를 추출하여 터틀 동작 유형을 저장하는 변수 move_type에 저장한다. 참고로 data에 저장되어 있는 f50은 실제로는 다음과 같은 형태로 저장되어 있다.

data[0]	data[1]	data[2]
f	5	0

따라서 첫 번째 문자인 'f'를 사용하기 위해 data[0]를 사용해야 한다.

앞에서 입력한 코드에 이어서 다음의 코드를 입력해 보자.

```
def anal_command(command):
    command_list =  command.split('/')
    for data in command_list:
        move_type = data[0]
```

anal_command(command) 함수는 명령을 동작 유형(move_type)과 수치(value)를 추출하여 turtle_drawing(move_type, value) 함수에게 넘겨준다. 입력 받을 명령어 7개 중 u(펜 올리기), d(펜 내리기), s(초기화)는 동작 유형만 있고 이동 거리나 회전 각도를 나타내는 수치는 없다. 이와 같은 명령어의 길이는 1이다.이 세 가지 명령은 넘겨줄 값(value)이 없다. 따라서 value에는 0을 저장해 주어야 한다.

```
    for data in command_list:
        move_type = data[0]
        if len(data) == 1:
            value = 0
```

len()은 리스트의 길이를 반환한다.

명령어 f(앞으로 이동), b(뒤로 이동), r(오른쪽으로 회전), l(왼쪽으로 회전)은 동작 유형뿐 아니라 이동 거리나 회전 각도와 같은 값을 입력 받는다. 즉, 수치를 갖고 있다. 따라서 이 네가지 명령어의 길이는 1보다 길다. 예를 들어 f50의 첫 번째 문자인 'f'는 변수 move_type에 저장하고, 나머지 50은 변수 value에 저장함으로써 동작 유형과 수치를 분리한다.

```
    for data in command_list:
        move_type = data[0]
        if len(data) == 1:
            value = 0
        elif len(data) > 1:
            value = int(data[1:])
```

- data의 길이가 얼마나 되는지 입력 값에 따라 정해지므로 data[1]부터 끝까지 길이를 추출해내기 위해서는 data[1:]이라고 작성한다.
- input() 함수를 통해 입력받은 값은 문자열이 되므로 이동 거리나 회전 각도 등 수치를 나타내려면 int()를 이용하여 숫자로 변환해야 한다.

함수 anal_command(command)의 마지막에 터틀의 동작 유형과 수치에 따라 그림을 그리는 함수 turtle_drawing(move_type, value)를 호출한다. 함수 turtle_drawing(move_type, value)는 move_type과 value가 정해질 때마다 실행되도록 for 내에 포함되어야 한다.

```
for data in command_list:
    move_type = data[0]
    if len(data) == 1:
        value = 0
    elif len(data) > 1:
        value = int(data[1:])
    turtle_drawing(move_type, value) #함수 호출
```

❸ turtle_drawing(move_type, value) 함수 구현하기

turtle_drawing(move_type, value) 함수에서는 anal_command(command) 함수로부터 전달받은 변수 move_type의 값과 변수 value의 값에 따라 터틀이 그림을 그리도록 한다. 따라서 터틀 동작 유형 조건에 따라 어떤 동작을 수행할 것인지를 나열하면 된다. 단, anal_command(command) 함수처럼 함수가 호출되기 전에 이 함수가 어떤 동작을 하는지 정의되어야 하므로 anal_command(command) 함수에 이어서 작성한다.

먼저, def를 사용해 'turtle_drawing(move_type, value)'를 정의해 보자.

그 다음, turtle_drawing(move_type, value) 함수가 변수 move_type에 저장된 내용이 f인지, b인지 등을 판별하고 그에 맞는 동작을 실행하도록 한다. 코드 마지막에는 명령이 잘못 입력되었을 경우에 출력할 메시지를 작성한다.

❷에서 완성한 코드에 이어서, 다음의 코드를 입력해 보자.

```
def turtle_drawing(move_type, value): #함수 정의
    if move_type == 'f': #앞으로 이동
```

```
        forward(value)
    elif move_type == 'b': #뒤로 이동
        backward(value)
    elif move_type == 'r': #오른쪽 회전
        right(value)
    elif move_type == 'l': #왼쪽 회전
        left(value)
    elif move_type == 'u': #펜 올리기
        penup()
    elif move_type == 'd': #펜 내리기
        pendown()
    elif move_type == 's': #초기화
        reset()
    else:
        print('명령을 잘못 입력하였습니다. 명령을 확인하고 다시 실행해 주세요.')
```

❶~❸을 거치면서 완성된 프로그램을 실행시킨 후, 결과를 출력해 보자.

```
터틀을 움직이기 위한 명령을 입력하세요.
앞으로 이동 : f (예: f50은 앞으로 50픽셀 이동)
뒤로 이동 : b (예: b50은 뒤로 50픽셀 이동)
오른쪽으로 회전 : r (예: r90은 오른쪽으로 90도 회전)
왼쪽으로 회전 : l (예: l90은 왼쪽으로 90도 회전)
펜 올리기 : u, 펜 내리기 : d, 초기화 : s
각 명령은 '/'로 구분해 주세요.
터틀 동작 제어 명령 작성 예 : f50/r90/f100/d/f20
터틀 동작 제어를 위한 명령을 입력해 주세요 :f50/r90/f100/u/f100/d/f20
>>>
```

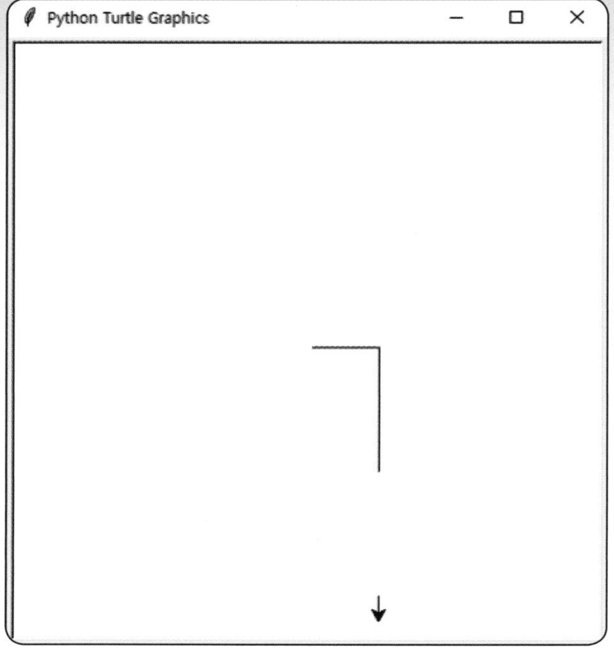

전체 코드

```
from turtle import*

def anal_command(command):

    command_list=command.split('/')

    for data in command_list:
        move_type=data[0]
        if len(data)==1:
            value=0
        elif len(data)>1:
            value=int(data[1:])
        turtle_drawing(move_type, value)
```

```
def turtle_drawing(move_type, value):
    if move_type=='f':
        forward(value)
    elif move_type == 'b':
        backward(value)
    elif move_type == 'r':
        right(value)
    elif move_type == 'l':
        left(value)
    elif move_type == 'u':
        penup()
    elif move_type == 'd':
        pendown()
    elif move_type == 's':
        reset()
    else:
        print('명령을 잘못 입력하였습니다. 명령을 확인하고 다시 실행해 주세요.')

print('''터틀을 움직이기 위한 명령을 입력하세요.
앞으로 이동 : f (예: f50은 앞으로 50픽셀 이동)
뒤로 이동 : b (예: b50은 뒤로 50픽셀 이동)
오른쪽으로 회전 : r (예: r90은 오른쪽으로 90도 회전)
왼쪽으로 회전 : l (예: l90은 왼쪽으로 90도 회전)
왼쪽으로 90도 회전 : l 90
펜 올리기 : u, 펜 내리기 : d, 초기화 : s
각 명령은 '/'로 구분해 주세요.
터틀 동작 제어 명령 작성 예 : f50/r90/f100/d/f20''')

command=input('터틀 동작 제어를 위한 명령을 입력해 주세요 :')
anal_command(command)
```

Chapter 4 파이썬 더 깊게 알기

이제 파이썬 기초 단계를 넘어 트레이닝 단계로 들어가 보자. 지금까지 배웠던 파이썬의 기본 문법들을 복습하고 응용하며 본격적인 프로그래밍을 시작한다.
우리는 주어진 문제를 이론과 계획을 바탕으로 파이썬을 활용하여 해결할 것이다. 이를 통해 프로그래밍 스킬은 물론이고, 컴퓨팅 사고력까지 향상시켜 보자.

주사위 굴리기

주사위 2개를 굴려 게임을 진행하는 보드 게임을 하려고 한다.
이때, 주사위 굴리는 프로그램을 파이썬을 활용하여 만들어 보자.
파이썬을 활용하여 2개의 주사위를 굴리고 그 결과를 출력해 보자.

프로그램 계획

먼저 주사위 프로그램을 작성하려면 다음의 두 가지 정보를 반드시 기억하고 있어야 한다.

- 주사위 2개
- 하나의 주사위로 얻을 수 수는 1에서 6까지이다.

주사위 프로그램에서 출력되어야 할 메시지들은 다음과 같다.

- 주사위 프로그램의 시작을 알리는 메시지인 '주사위가 굴러갑니다.'를 출력
- 각각의 주사위를 굴린 결과를 출력
- 주사위를 다시 굴릴 것인지 물어보고, 입력에 따라 프로그램 재실행 또는 종료

위와 같은 정보를 바탕으로 프로그램을 어떻게 작성할 것인지 생각해 보자. 먼저 주사위를 굴려 나오는 수는 임의의 수이다. 이러한 수를 출력하기 위해 'random 모듈'을 불러온다. while문을 사용하여 각 주사위에서 임의의 수를 출력한 후 주사위를 계속 굴릴 것인지를 물어보고 입력에 따라 주사위를 또 굴리거나 프로그램을 종료하도록 한다. 이 과정은 다음과 같다.

```
임의의 수를 출력하기 위해 random 모듈 호출

사용자의 초기 입력 값은 yes
사용자의 입력 값이 yes인 동안
    주사위가 구른다는 시작 메시지 출력
    첫 번째 주사위의 수 출력
    두 번째 주사위의 수 출력

    주사위를 또 굴릴 것인지를 물어보고 yes나 no를 입력 받음.

응답이 yes가 아닌 경우 주사위 프로그램 종료 메시지 출력
```

randint 함수

이 프로그램과 같이 컴퓨터로부터 임의의 숫자를 얻으려면 'randint() 함수'를 사용해야 한다. randint() 함수는 random 모듈에 있기 때문에 함수 사용 전에 'from random import randint'를 작성해야 한다. turtle 모듈에서는 forward(), right(), left() 등 다양한 명령들을 사용하였기 때문에 all을 의미하는 '*'를 사용하였지만, 이 프로그램에서는 randint만 필요하므로 import 다음에 randint를 작성하면 된다.

randint() 함수가 어떻게 동작하는지 알아보기 위해 쉘 창에 다음과 같은 코드를 입력해 보자.

```
>>> from random import randint
>>> r = randint(1, 6)
>>> print(r)
5
>>>
```

randint()의 괄호 안에는 임의의 숫자를 선택할 숫자의 범위를 지정하고 뽑힌 숫자는 r이라는 변수에 저장한다. 여기서는 randint(1, 6)로 작성하여 1에서 6까지의 정수 중에서 하나를 임의로 선택하게 하였다.

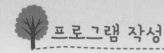

프로그램 작성

```
from random import randint

rolling_dice ='y' #처음에는 변수 rolling_dice에 yes를 의미하는 'y'를 저장.

while(rolling_dice == 'y'): # 변수 rolling_dice에 y가 저장되어 있는 동안 반복
    print('주사위가 굴러갑니다.')
    print('첫 번째 주사위:', randint(1, 6)) #정수 1~6 중 임의의 수 선택
    print('두 번째 주사위:', randint(1, 6))
    rolling_dice = input('주사위를 또 굴리시려면 "y"를, 종료하시려면 "n"을 
입력하세요:')

print('주사위 프로그램이 종료됩니다.')
```

프로그램을 저장한 후, 실행하면 다음과 같은 결과가 출력된다.

```
주사위가 굴러갑니다.
첫 번째 주사위: 5
두 번째 주사위: 2
주사위를 또 굴리시려면 "y"를, 종료하시려면 "n"을 입력하세요:y
주사위가 굴러갑니다.
첫 번째 주사위: 3
두 번째 주사위: 5
주사위를 또 굴리시려면 "y"를, 종료하시려면 "n"을 입력하세요:n
주사위 프로그램이 종료됩니다.
>>>
```

기하학적 도형 그리기

Chapter 2에서 도형 그리기를 응용하여 이번에는 터틀을 이용해 다음과 같은 기하학적인 그림을 그리려고 한다. 배경 색도 변경하고, 도형의 모양과 색도 다양하게 표현해 보려고 한다.
파이썬을 활용해 여러 가지 기하학적인 그림을 그리는 프로그램을 만들어 보자.

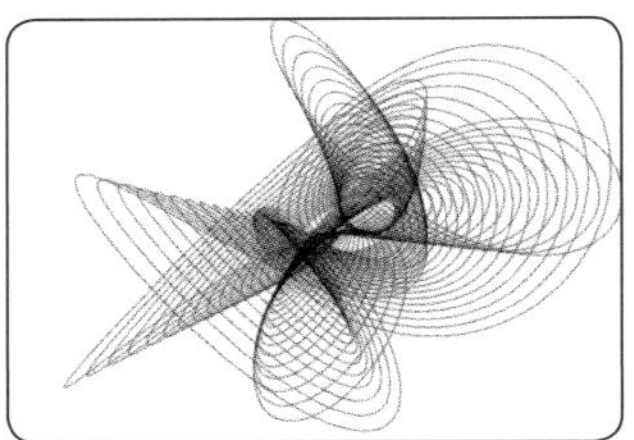

프로그램 계획

먼저 혜원이가 원하는 그림을 그리기 위한 계획은 다음과 같다.

- 출력 화면의 배경 색은 'khaki'이다.
- 리스트를 사용하여 색들을 저장하고 그 중 임의의 색을 도형의 색으로 선정한다.
- 각도를 입력 받아 도형을 그린다.
- 각도는 같되 한 변의 길이를 달리하며 도형을 그린다.
- 한 화면에 또 다른 도형을 그릴 수 있다.
- 그림을 계속 그릴지, 더 이상 그림을 그리지 않을지를 입력 받아 프로그램 재실행 또는 종료

위와 같은 계획을 바탕으로 프로그램을 어떻게 작성할 것인지 생각해 보자.

1 각도를 입력 받아 도형 그리기

입력 받은 각도만큼 회전하고 변의 길이를 증가시키며 도형을 완성시킬 것이다. 또한 어떤 도형으로 그림을 그릴지는 모르지만 같은 패턴으로 그리기 때문에 함수로 구현하기 좋다. 이 함수는 회전 각도를 매개 변수로 전달받으며, 이동 거리를 1에서 시작해 2씩 증가한다. 과정을 100회 반복하도록 구성된다. 매개 변수란 특정 값을 함수로 가져와서 사용할 때 필요한 변수이다.

```
draw_figure(각도) 함수를 정의
    이동 거리의 초기값은 1(터틀이 처음 이동할 거리를 설정)
    아래 명령을 100회 반복
        이동 거리만큼 앞으로 가기
        입력 받은 각도만큼 오른쪽으로 회전하기
        이동 거리 2 증가
```

2 다른 도형 그리기

도형을 하나 완성하고 나면 도형을 더 그릴지 선택한다. 이는 조건문과 반복문으로 구현할 수 있다. 그런데 도형을 몇 개 더 그릴지 알 수 없으므로 while문을 사용하여 사용자가 그만 그리겠다고 입력할 때까지 반복하도록 구현한다.

```
사용자의 초기 입력 값은 yes
사용자의 입력 값이 yes인 동안
    회전 각도 입력
    도형의 색상 선정
    도형 그리기(draw_figure 함수 호출)

    다른 도형을 그릴 것인지 물어보고 yes나 no를 입력 받음
    사용자의 입력 값이 no라면
        프로그램 멈추기
    그 밖의 경우
        화면의 임의의 위치에서 다음 도형 그릴 준비
```

프로그램 작성

1 배경 색 설정 및 색상 리스트 만들기

본격적인 프로그램의 작성에 앞서 필요한 모듈들을 불러온다. 터틀을 이용한 그림을 그리기 위해 turtle 모듈을 불러오고, 랜덤으로 색상을 선택하여 도형의 색으로 사용하기 위해 random 모듈을 불러온다.

그 다음, 출력 화면의 바탕 색은 'khaki'로 정한다. 도형의 색은 'crimson', 'maroon', 'darkorange', 'olive', 'teal', 'steelblue', 'dodgerblue', 'mediumblue'으로 정한다. 이때, 도형의 색들은 리스트로 만들어 사용할 것이다.

코드 창에 다음의 코드를 입력해 보자.

```
from turtle import * #turtle 모듈 불러오기
from random import * #random 모듈 불러오기
bgcolor('khaki') #화면의 바탕 색 지정
color_list = ['crimson', 'maroon', 'darkorange', 'olive', 'teal',
'steelblue', 'dodgerblue', 'mediumblue'] #도형 색상 리스트
```

2 도형 그리기 함수 만들기

우리가 그릴 그림은 정해진 각도로 한 변의 길이(터틀의 이동 거리)를 달리하여 같은 모양의 도형을 여러 번 반복하여 완성할 것이다. 이 도형을 그리기 위해 먼저, 'draw_figure(angle)'이라는 이름으로 함수를 정의할 것이다. 이 함수에는 도형을 그리기 위해 입력 받은 각도를 저장하는 매개 변수가 필요하다. 이때, 매개 변수의 이름은 'angle'로 정한다. 또한 도형을 그리기 위한 터틀의 이동 거리는 변수 distance에 저장된 값을 사용한다. 처음에는 터틀이 1픽셀만큼 이동한 후, 전달받은 각도만큼 오른쪽으로 회전하고, 그 다음에는 1픽셀에서 2를 더한 3픽셀만큼 이동한 후, 각도만큼 오른쪽으로 회전한다. 이 과정을 100회 반복하여 기하학적인 도형을 만들어 낸다.

위의 코드에 이어서 코드 창에 다음의 코드를 입력해 보자.

```
def draw_figure(angle): #함수 정의
    distance = 1 #변수 distance의 초기값
    for i in range(100): #아래 명령을 100회 반복
        forward(distance)
        right(angle)
        distance = distance + 2
```

3 다음 도형 그리기

한 도형을 완성시키는 시간을 짧게 하기 위해 터틀의 이동 속도는 최대로 높인다. 도형을 몇 개 더 그릴지는 정해지지 않았으므로 while문을 사용하여 명령을 수행하도록 한다. 사용자로부터 입력받은 변수 angle의 값은 문자열 자료형이므로 int()를 통해 숫자로 변환시킨다. 함수 randrange()를 사용하면 괄호 안에 적힌 범위 내에서 임의로 선택할 수 있도록 한다. 여기서는 리스트의 범위를 넣어 사용하였다.

```
speed(10) # turtle의 이동 속도 최대
loop = 'y' #변수 loop에 yes를 의미하는 'y'를 저장

while(loop == 'y'): #변수 loop에 y가 저장되어 있는 동안 반복
    angle = input('터틀이 회전할 각도를 입력하세요:') #각도 입력
    color(color_list[randrange(0, 8)]) #도형의 색을 임의로 선택
    draw_figure(int(angle)) #함수 호출
    loop = input('계속하려면 y, 멈추려면 n을 입력하세요:')
    if(loop == 'n'):
        break #while문을 멈추고 빠져나감
    else: # 아래 명령을 통해 화면의 임의의 위치로 터틀 이동
        penup()
        goto(randrange(-300, 300), randrange(-300, 300)) # goto(x, y)는 터
        틀을 (x, y)로 이동하라는 명령
        pendown()
```

프로그램을 실행시킨 후, 다음과 같이 각도를 입력하여 다양한 도형을 만들어 보자. 쉘 창에서 회전 각도와 지속 여부를 입력하여 그래픽 창에서 터틀이 도형을 그리는 것을 확인해 보자.

```
터틀이 회전할 각도를 입력하세요:150
계속하려면 y, 멈추려면 n을 입력하세요:y
터틀이 회전할 각도를 입력하세요:89
계속하려면 y, 멈추려면 n을 입력하세요:y
터틀이 회전할 각도를 입력하세요:96
계속하려면 y, 멈추려면 n을 입력하세요:y
터틀이 회전할 각도를 입력하세요:120
계속하려면 y, 멈추려면 n을 입력하세요:y
터틀이 회전할 각도를 입력하세요:90
계속하려면 y, 멈추려면 n을 입력하세요:y
터틀이 회전할 각도를 입력하세요:100
계속하려면 y, 멈추려면 n을 입력하세요:n
```

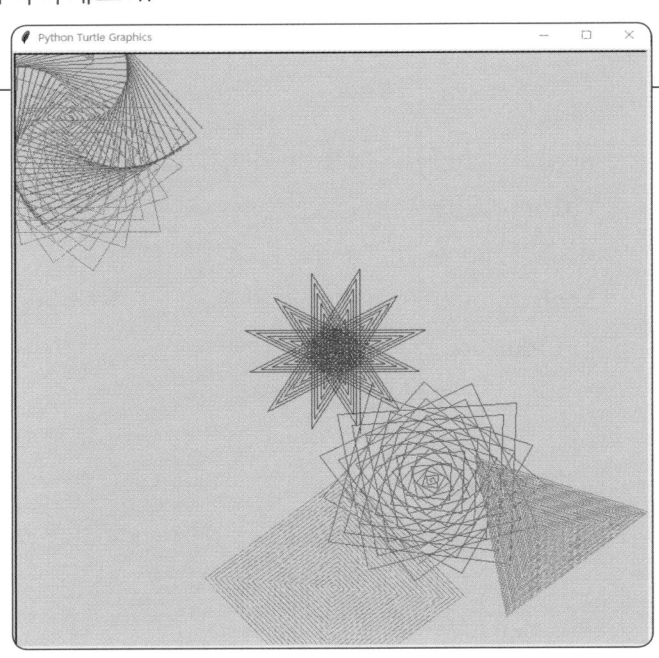

행맨 게임

영단어를 재미있게 외우기 위해 행맨(Hang-man) 게임 프로그램을 만들어 보자.
문제 출제자가 선택한 영단어의 알파벳을 하나씩 맞추며 어떤 단어인지를 유추하는 게임이다. 알파벳을 맞출 때마다 그 알파벳이 단어의 어느 자리에 위치하는지 보여주고, 해당 단어의 알파벳이 아니면 주어진 기회를 1번 잃게 된다. 기회는 총 11번 주어진다.

프로그램 계획

행맨 게임 프로그램의 게임 규칙은 다음과 같다.

- 영단어의 알파벳 개수는 모두 6개이다.
- 한 질문에 한 개의 알파벳을 입력한다.
- 단어에 포함된 알파벳과 입력한 알파벳이 일치하면 기회를 잃지 않지만, 일치하지 않을 경우 기회를 잃게 된다.
- 기회는 총 11번이 주어진다. 알파벳을 틀릴 때마다 기회 1번이 차감된다.
- 입력한 알파벳이 단어에 포함되어 있으면, 입력한 알파벳이 어느 위치에 자리하는지 출력한다.

예를 들어, 'CHANCE'라는 단어를 맞춰야 하는 경우, 'U'를 입력했다면 단어에 포함되지 않으므로, 기회를 1번 잃게 된다. 만약 'A'를 입력했다면 단어에 포함되어 있으므로 '_ _ A_ _ _'로 출력한다. 그리고 남은 기회 내에 단어를 맞추면 성공, 맞추지 못하면 실패가 된다.

행맨 게임 프로그램의 진행 순서는 다음과 같다.

- 행맨 게임에 관한 안내 메시지 출력
- 리스트에서 임의의 단어 선택
- 사용자로부터 알파벳 입력 받기
- 입력 받은 알파벳이 단어에 포함되어 있는지 확인하고, 알파벳의 위치에 출력
- 알파벳이 단어에 포함되어 있지 않다면 실패 횟수 증가(기회 개수 차감)
- 단어에 포함되는 알파벳을 모두 찾으면 성공 메시지 출력, 주어진 횟수동안 찾지 못하면 실패 메시지 출력

위의 내용을 바탕으로 프로그램을 어떻게 작성할 것인지 생각해 보자.

1 게임 규칙 안내 및 단어 선정

행맨 게임의 규칙에 관한 안내 메시지를 출력하고, 영어 단어 리스트를 만들어 그 중에 임의로 한 단어를 선택한다.

```
랜덤 모듈 호출

행맨 게임 규칙 메시지 출력(예: 기회 11번, 6자리 영단어 맞추기)

다음의 단어를 포함한 리스트 생성('chance', 'action', 'manage', 'strike',
'africa', 'beauty', 'castle', 'canada')
단어 리스트 중 하나를 임의로 선택
```

2 단어 입력 및 알파벳 확인

이어서 실패 횟수가 11번이 될 때까지 반복적으로 알파벳을 입력 받는다. 입력 받은 알파벳이 단어에 포함되어 있는지 확인하기 위해서 단어의 첫 알파벳부터 마지막 알파벳까지 대조해 보기 위한 반복문을 추가한다. 아직 맞추지 못한 단어는 '_(밑줄)'로 출력한다.

```
실패 횟수가 11회 이하인 경우 반복
    알파벳 입력 받기

    단어의 첫 번째 알파벳~마지막 알파벳까지 반복
        만약 입력 받은 알파벳과 단어에 포함된 알파벳이 같다면
            입력 받은 알파벳 출력
        그렇지 않다면
            빈 공간을 의미하는 '_' 출력
```

3 실패 횟수 증가

이어서 만약에 입력 받은 알파벳이 단어에 포함되어 있지 않다면, 실패 횟수가 1 늘어난다.

```
    만약, 입력 받은 알파벳이 선정된 단어에 포함되지 않았다면
        실패 횟수 1 증가
        남은 도전 기회 개수를 안내하는 메시지 출력
```

4 성공 메시지와 실패 메시지 출력

이어서 단어에 포함되는 알파벳을 모두 찾아, '_'의 개수가 0라면 성공임을 안내한다. 그리고 실패 횟수가 11번과 같다면 실패임을 안내한다.

```
    만약 '_'의 개수가 0이라면(단어의 알파벳을 모두 맞췄다면)
        성공 안내 메시지 출력
        프로그램 종료
    그렇지 않고 만약 실패 횟수가 11이라면
        실패 안내 메시지 출력
        프로그램 종료
```

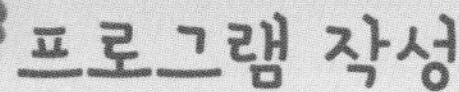

1 안내 메시지 출력하기 / 영단어 리스트 작성 하기 / 영단어 선정하기

리스트 word_list에 게임에 사용할 영단어를 다음과 같이 작성한다. 이 리스트에서 임의로 한 단어를 선정하여 변수 word에 저장한다. 이때, 리스트에서 한 단어를 선택하기 위해 pop()를 사용한다. 다음과 같이 코드를 입력해 보자.

```
from random import *

print('''행맨 게임을 시작합니다.
기회는 11번이 주어집니다.
6개의 알파벳으로 된 영단어를 맞춰보세요.
자 그럼 시작해 볼까요?''')

word_list=['chance', 'action', 'manage', 'strike', 'africa', 'beauty', 'castle',
'canada'] # 게임에서 사용할 영단어 리스트
word = word_list.pop(randrange(0, 8)) #리스트에서 임의로 단어 선택하여 변수 저장
```

2 알파벳 입력 받기

실패 횟수(알파벳을 맞출 수 있는 기회)가 11회 이하인 동안 반복하는 것이므로 for문을 사용해야 할 것 같으나, 행맨 게임의 규칙을 살펴보면 입력한 알파벳이 단어에 포함되어 있는 경우는 실패 횟수에 포함되지 않기 때문에 횟수만큼 반복이 아닌 조건에 따라 반복이 되어야 하므로 while문으로 작성해야 한다. 변수 fail은 실패 횟수를 저장한다. 초깃값으로 0을 설정한다. 입력 받은 알파벳은 변수 guess에 저장한다. 위의 코드에 이어서 다음의 코드를 입력해 보자.

```
fail=0

while(fail<= 11):

    guess = input('\n어떤 알파벳이 포함되어 있을까요?')
```

3 알파벳 확인하기

입력 받은 알파벳이 변수 word에 저장된 단어에 포함되어 있는지 확인하기 위해서는 단어의 알파벳과 입력 받은 알파벳을 대조해야 한다. 변수 char에 word에 저장된 단어의 첫 번째 알파벳부터 마지막 알파벳까지 순서대로 하나씩 저장하며 대조한다. 예를 들어, 변수 word에 'chance'가 저장되어 있다면 아래 표와 같이 저장된 후, 입력 받은 알파벳과 대조한다. 일치하는 것이 있으면 입력된 알파벳을 출력하고 그렇지 않으면 '_(밑줄)'을 출력한다. 2 에 이어서 코드를 입력해 보자.

	1 char ↓	2 char ↓	3 char ↓	4 char ↓	5 char ↓	6 char ↓
word	c	h	a	n	c	e

```
for char in word: #변수 word에 포함된 문자열 개수 만큼 반복
    if char == guess: #변수 char 값(알파벳)과 변수 guess 값(알파벳)이 같다면
        print(char, end=' ') #변수 char 값 출력
    else:
        print('_', end=' ') #그렇지 않으면 '_(밑줄)' 출력
```

end=' '는 내용 출력 후에 줄을 바꾸는 대신 한 칸 띄우도록 한다.

여기까지 작성했다면 프로그램을 실행시켜 보자.

```
(게임 규칙 안내 메시지 출력 생략)

어떤 알파벳이 포함되어 있을까요?a
_ _ a _ _ _
어떤 알파벳이 포함되어 있을까요?b
_ _ _ _ _ _
어떤 알파벳이 포함되어 있을까요?c
c _ _ _ c _
어떤 알파벳이 포함되어 있을까요?
```

단어의 알파벳 중 a를 맞힌 후, c를 그 다음으로 맞추었다. 그렇다면 c를 찾았을 때, 'c _ a _ c _' 와 같이 출력되어야 한다. 하지만 c를 맞췄을 때, a가 사라졌다. 현재 프로그램의 상태에서 if문을 살펴보면 단어의 알파벳과 현재 입력된 알파벳이 저장된 guess만 비교하기 때문이다.

행맨 게임은 이미 맞춘 알파벳들을 누적시키면 진행해야 한다. 그러므로 변수 guess로 입력 받은 a와 c를 누적하는 별도의 저장 공간이 있어야 한다. 이와 같은 경우에도 리스트를 사용하면 된다. 이 리스트 명을 match_list라고 지정한다.

- 리스트 match_list를 만들고 입력 받은 변수 guess의 값을 차례로 저장할 것이므로 초깃값으로 그 어떤 데이터도 저장하지 않는다.
- 리스트 match_list에 알파벳을 입력 받을 때마다 그 알파벳을 저장한다.
- 변수 char와 변수 guess를 비교하는 것이 아니라 match_list와 비교한다.

위의 내용을 바탕으로 앞서 작성한 코드를 수정해 보자. 수정한 후, 프로그램을 실행시켜 이전과는 달리 저장된 단어와 일치하는 알파벳이 누적되며 게임이 진행되는지를 확인해 보자.

```
fail = 0
match_list = ' '
while(fail <= 11):

    guess = input('\n어떤 알파벳이 포함되어 있을까요?')
    match_list = match_list + guess  #match_list에는 guess의 값을 저장한다.

    for char in word:
        if char in match_list:
            print(char, end = ' ')
        else:
            print('_', end=' ')
```

아무 내용도 저장되어 있지 않아야 하므로 ' '를 입력한다.

리스트에 변수를 추가할 때도 + 연산자를 사용한다. match_list += guess로 표현할 수도 있다.

입력 받은 알파벳을 모두 저장해 둔 리스트 match_list와 비교한다. 이를 통해 match_list에 char의 내용이 있는지 여부를 판단하는 것과 같다.

4 실패 횟수 증가시키기

입력 받은 알파벳이 변수 word에 저장된 단어의 알파벳과 일치하지 않는다면 실패 횟수는 증가한다. 즉, 도전할 수 있는 기회가 줄어든다는 것을 의미한다. 이때, 변수 fail을 사용하여 실패 횟수를 저장한다. 3에 이어서 다음과 같이 코드들 입력하여 도전할 수 있는 기회가 몇 번 남았는지를 알려주는 메시지를 출력해 보자.

```
for char in word:
    if char in match_list:
        print(char, end=' ')
    else:
        print('_', end=' ')
if guess not in word:
    fail = fail + 1
    print('기회는', 11-fail, '번 남았습니다.')
```

입력 받은 알파벳이 word 내에 없다는 조건을 표현할 때, '~ 내에 없다'는 'not in'을 사용한다.

fail += 1로 작성할 수도 있다.

5 성공 메시지 또는 실패 메시지 출력하기

단어의 알파벳을 모두 맞췄다면 출력하는 '_(밑줄)'의 개수가 0이어야 한다. 그리고 '_'의 개수가 0이 되면 성공 메시지를 출력하고 프로그램을 종료한다. 여기서는 match를 '_'의 개수를 세는 변수로 정의하고 '_'를 출력할 때마다 1씩 증가시킨다. match의 초깃값은 0으로 지정한다.

실패 횟수가 11이라면 실패 메시지를 출력하고 프로그램을 종료한다.

마지막으로 반드시 '_'의 개수를 새는 match 변수를 초기화 한다. 알파벳을 입력받을 때마다 단어의 알파벳들과 대조하면서 빈자리를 다시 표시하기 때문에 '_'의 개수를 처음부터 다시 세어야 한다. 따라서 while문의 마지막에 변수 match에 0을 저장하여 '_'의 개수를 처음부터 다시 셀 수 있도록 한다. 다음과 같이 코드를 입력하여 수정해 보자.

```
fail = 0
match_list = ' '
match = 0                    ← '_'를 세기 위한 변수 정의 및 변수 초기화

while(fail <= 11):

    guess = input('\n어떤 알파벳이 포함되어 있을까요?')
    match_list = match_list + guess

    for char in word:
        if char in match_list:
            print(char, end = ' ')
        else:
            print('_', end=' ')
            match = match + 1    ← '_'을 출력할 때마다 match 값을 1씩 증가
    if guess not in word:
        fail = fail + 1
        print('기회는', 11-fail, '번 남았습니다.')

    if match == 0:
        print('성공! 당신이 찾은 단어는 바로', word, '입니다.')
        break    ← 단어를 찾았다면 이를 벗어나기 위하여 break 명령을 사용한다.
    elif fail == 11:
        print('안타깝게도 단어를 찾지 못했습니다.')
        break
    match = 0
```

완성된 프로그램을 실행시켜 결과를 출력해 보자.

```
행맨 게임을 시작합니다.
기회는 11번이 주어집니다.
6개의 알파벳으로 된 영단어를 맞춰보세요.
자 그럼 시작해 볼까요?

어떤 알파벳이 포함되어 있을까요?a
_ a _ a _ a
어떤 알파벳이 포함되어 있을까요?m
_ a _ a _ a 기회는 10 번 남았습니다.

어떤 알파벳이 포함되어 있을까요?c
c a _ a _ a
어떤 알파벳이 포함되어 있을까요?n
c a n a _ a
어떤 알파벳이 포함되어 있을까요?d
c a n a d a 성공! 당신이 찾은 단어는 바로 canada 입니다.
>>>
```

전체 코드

```
from random import *


print('''행맨 게임을 시작합니다.
기회는 11번이 주어집니다.
6개의 알파벳으로 된 영단어를 맞춰보세요.
```

```
자 그럼 시작해 볼까요?''')

word_list=['chance', 'action', 'manage', 'strike', 'africa', 'beauty', 'castle',
'canada']
word=word_list.pop(randrange(0,8))

fail=0
match_list=' '
match=0

while(fail<=11):
    guess=input('\n어떤 알파벳이 포함되어 있을까요?')
    match_list=match_list+guess

    for char in word:
        if char in match_list:
            print(char, end=' ')
        else:
            print('_', end=' ')
            match=match+1

    if guess not in word:
        fail=fail+1
        print('기회는', 11-fail, '번 남았습니다.')

    if match==0:
        print('성공! 당신이 찾은 단어는 바로', word, '입니다.')
```

```
    break

elif fail==11:
    print('안타깝게도 단어를 찾지 못했습니다.')
    break
match=0
```

크리스마스 트리

다가오는 크리마스에는 파이썬으로 크리스마스 트리를 만들어 보자. 터틀 객체를 활용하여 다양한 모양과 색으로 꾸며진 트리를 완성해 보자. 단순히 선만 그리던 터틀 객체가 여기서는 어떻게 활용되는지 알아보자.

프로그램 계획

본격적인 프로그램 작성에 앞서, 미리 출력 결과를 보고 프로그램을 계획해 보자.

아래 그림에서 알 수 있듯이 각 단의 첫 번째 줄은 deepskyblue 색의 원, 두 번째 줄은 dodgerblue 색의 삼각형, 세 번째 줄은 cornflowerblue 색의 사각형, 네 번째 줄은 royalblue 색의 원으로 구성되어 있다.

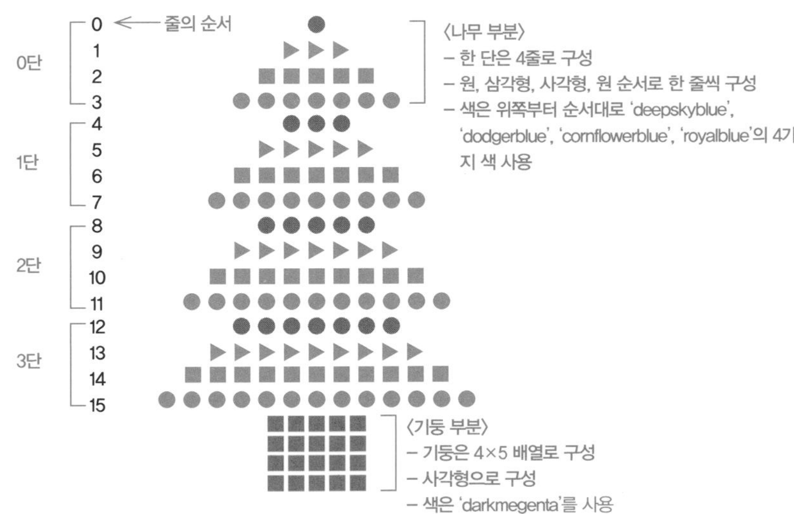

1 트리를 그릴 터틀의 모양과 색 설정

4가지 모양의 터틀 객체를 생성한다. 그리고 터틀이 이동할 때 자취를 남기지 않도록 하기 위해 현재 상태를 모든 터틀이 화면에서 떨어져 있도록 만든다.

```
터틀 객체 모듈 호출하기

첫 번째 줄 터틀 객체 생성하기
터틀 모양을 원으로 설정하기
터틀 색을 deepskyblue로 설정하기

두 번째 줄 모양 터틀 객체 생성하기
터틀 모양을 삼각형으로 설정하기
터틀 색을 dodgerblue로 설정하기

세 번째 줄터틀 객체 생성하기
터틀 모양을 사각형으로 설정하기
터틀 색을 cornflowerblue로 설정하기

네 번째 줄터틀 객체 생성하기
터틀 모양을 원으로 설정하기
터틀 색을 royalblue로 설정하기

생성한 터틀들의 현재 상태 설정하기
```

2 트리의 나무 부분

나무는 4개의 단으로 구성되어 있으며, 각 단은 다시 4개의 줄로 구성되어 있다.

```
단 만들기 4회 반복
    줄 만들기 4회 반복
        시작 지점 설정

        각 줄에서 그려야 할 도형의 개수만큼 반복
            나무 그리기
            다음 도형을 그릴 지점으로 수정
```

위와 같이 나무를 구성하는 계획은 간단하지만, 좀 더 구체적으로 표현해 보자. 모양을 갖추고 다양한 장식과 색으로 꾸며진 트리를 만들기 위해 각 줄에 어떤 도형을 몇 개 찍어낼 것인가에 대해 구체적으로 설계할 필요가 있다.

다음과 같이 어떤 도형이 어떤 색으로 몇 번 순서의 줄에 나타나도록 하였는지 살펴보자.

- deepskyblue 색을 가진 원은 0번, 4번, 8번, 12번 순서에 등장한다.
- dodgerblue 색을 가진 삼각형은 1번, 5번, 9번, 13번 순서에 등장한다.
- cornflowerblue 색을 가진 사각형은 2번, 6번, 10번, 14번 순서에 등장한다.
- royalblue 색을 가진 원은 3번, 7번, 11번, 15번 순서에 등장한다.

또한 각각의 줄은 다음과 같은 패턴으로 등장한다.

- deepskyblue 색을 가진 원은 순서를 4로 나누었을 때 나머지가 0인 줄에 등장한다.
- dodgerblue 색을 가진 삼각형은 순서를 4로 나누었을 때 나머지가 1인 줄에 등장한다.
- cornflowerblue 색을 가진 사각형은 순서를 4로 나누었을 때 나머지가 2인 줄에 등장한다.
- royalblue 색을 가진 원은 순서를 4로 나누었을 때 나머지가 3인 줄에 등장한다.

예를 들어, 8번째 순서를 4로 나누면 나머지가 0이므로 deepskyblue 색 원으로 8번째 순서에 있는 줄이 꾸며진다. 이를 '전체 순서 % 4'와 같이 수식으로 표현할 수 있다.

이번에는 각 단의 몇 번 줄에서 도형이 몇 개가 나타나는지는 다음과 같다.

전체 순서	단 번호	줄 번호	도형 개수	전체 순서	단 번호	줄 번호	도형 개수
0 1 2 3	0	0 1 2 3	1 3 5 7	8 9 10 11	2	0 1 2 3	5 7 9 11
4 5 6 7	1	0 1 2 3	3 5 7 9	12 13 14 15	3	0 1 2 3	7 9 11 13

표를 보면 수식 '(단 번호 + 줄 번호) × 2 + 1'에 따라 도형의 개수가 증가하는 것을 확인할 수 있다. 예를 들어, 단 번호는 1이고 줄 번호는 2라면 (1+2)*2+1이므로 도형의 개수는 7개이다.

```
단 만들기 4회 반복
    줄 만들기 4회 반복
        시작 지점 설정

        도형을 (단 번호 + 줄 번호)×2 +1 만큼 출력
            만약, 줄의 번호 % 4 가 0이라면 deepskyblue 색을 가진 원 출력
            만약, 줄의 번호 % 4 가 1이라면 dodgerblue 색을 가진 삼각형 출력
            만약, 줄의 번호 % 4 가 2이라면 cornflowerblue 색을 가진 사각형 출력
            만약, 줄의 번호 % 4 가 3이라면 royalblue 색을 가진 원 출력
        다음 도형을 출력할 지점으로 수정
```

5 트리의 기둥 부분

기둥은 'darkmagenta' 색의 사각형을 4행 5열로 출력하여 만든다. 기둥을 만들기 위해서는 앞에서 만들었던 사각형 터틀 객체를 재활용하면 된다.

```
기둥 만들 사각형의 색상 설정
기둥 출력 위치 설정

기둥의 행 만들기 4회 반복
    기둥의 열 만들기 5회 반복
        기둥 출력 위치 이동
        사각형 출력
        다음 사각형 출력할 지점으로 수정
```

터틀 그래픽 설정

이전에는 터틀 객체를 화살표 모양만을 사용했지만 이번 프로그램에서는 다양한 모양과 색을 설정해 보자. 터틀 객체 설정하는 명령어는 다음과 같다.

- Turtle() : 터틀 객체 생성
- 객체 이름. color() : 터틀 객체의 색 설정
- 객체 이름. stamp() : 터틀 객체의 모양 출력
- 객체 이름. shape() : 터틀 객체의 모양 설정
- 객체 이름. goto(x, y) : 터틀을 (x, y) 좌표로 이동

객체의 모양을 설정할 때 객체 이름.shape()의 괄호 안에 모양 이름을 넣어 사용한다. 터틀 객체의 모양으로, 'arrow(화살표)', 'circle(원)', 'triangle(삼각형)', 'square(사각형)', 'turtle(거북 모양)', 'classic(기본)' 등 6가지가 있다.

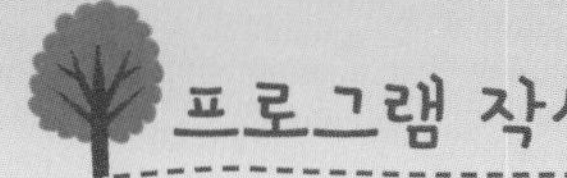

프로그램 작성

1 터틀의 모양과 색 설정하기

터틀 객체를 생성하여 속성을 설정하고 나면, 이 객체들이 지나갈 때 흔적을 남기지 않도록 화면에서 떨어진 상태로 만들어 주어야 한다. 이때, up()을 사용한다.

다음과 같이 코드를 입력해 보자.

```
from turtle import *

a = Turtle() #a라는 이름의 터틀 객체 생성
a.shape('circle')
a.color('deepskyblue')

b = Turtle() #b라는 이름의 터틀 객체 생성
b.shape('triangle')
b.color('dodgerblue')

c = Turtle() #c라는 이름의 터틀 객체 생성
c.shape('square')
c.color('cornflowerblue')

d = Turtle() #d라는 이름의 터틀 객체 생성
d.shape('circle')
d.color('royalblue')

a.up()
b.up()
c.up()
d.up()
```

프로그램 시작 단계에서는 객체 a, b, c, d의 이동 경로에 흔적을 남기지 않도록 up()을 사용한다.

2 나무 모양 제작하기

크리스마스 트리의 총 단의 개수는 0번 단에서부터 3번 단까지 총 4개이며, 각 단마다 줄의 개수는 0번 줄에서부터 3번 줄까지 총 4개이다.

나무 모양 제작에 필요한 변수는 다음과 같다.

- height : 단 번호를 저장하는 변수
- width : 줄 번호를 저장하는 변수
- n : 전체 줄의 순서를 저장하는 변수
- loop : 각 줄에 사용되는 도형의 개수를 저장하는 변수

① 각 단과 각 줄을 그리기

터틀이 크리스마스 트리의 가장 윗부분부터 그릴 수 있도록 시작 위치를 x=0, y=240로 정한다.

1의 코드에 이어서 다음의 코드를 입력해 보자.

```
for height in range(4): #4개의 단을 그리기 위한 for문
    for width in range(4): #각 단의 4개의 줄을 그리기 위한 for문
        x = 0
        y = 240
```

② 각 줄에 도형 위치 정하기

한 개의 도형을 출력하고 다음 자리로 이동하여 도형을 출력할 때 도형 간의 거리는 30픽셀로 정하자. 따라서 도형의 위치 좌표인 x나 y 값에 이를 적용시킨다.

이를 좌표에 표현하면 다음과 같이 나타낼 수 있다. 이 그림을 바탕으로 x 좌표 값과 y 좌표 값을 어떻게 변화시켜야 원하는 나무 모양이 나올지 생각해 보자.

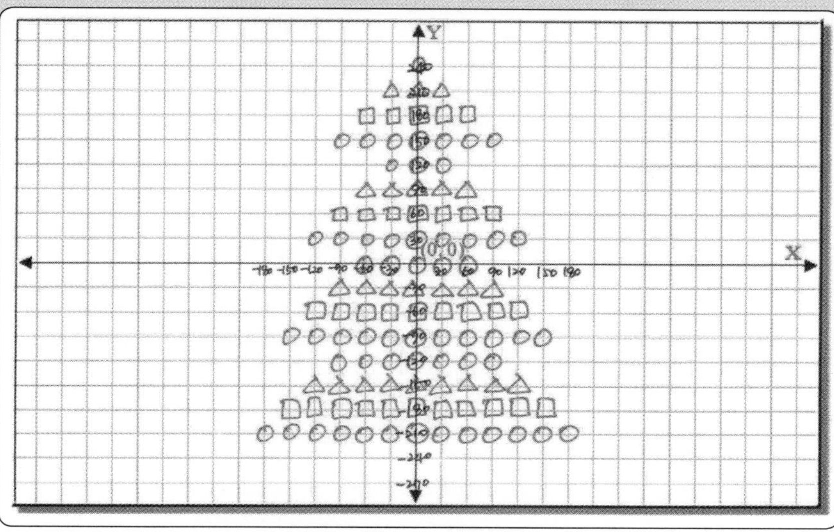

▲ 트리의 나무 부분을 좌표에 적용시킨 예

- x 좌표 값의 변화

각 줄마다 도형 그리기가 시작되는 x 좌표 값을 살펴보자.

0번 단을 살펴보면, 줄이 바뀔 때마다 x 좌표 값이 0, −30, −60, −90으로, −30씩 줄어든다. 또한 1번 단의 0번 줄은 x 좌표 값 −30부터 시작하여, 단이 바뀔 때마다 −60, −90, −120으로 변화한다. 다음의 표를 통해 더 자세히 살펴보자.

단 번호	줄 번호	X 좌표 값	단 번호	줄 번호	X 좌표 값
0	0	0	2	0	−60
	1	−30		1	−90
	2	−60		2	−120
	3	−90		3	−150
1	0	−30	3	0	−90
	1	−60		1	−120
	2	−90		2	−150
	3	−120		3	−180

● y 좌표 값

각 줄마다 도형 그리기가 시작되는 y 좌표 값이 어떻게 변화하는지 살펴보자. y 좌표값은 가장 윗 줄의 y좌표인 240부터 시작하여 줄이 바뀔 때마다 −30씩 감소한다.

각 줄의 도형 출력을 시작하기 위한 좌표 값이 변하는 패턴을 이해하였다면 ❶의 코드에 이어서 다음의 코드를 입력해 보자.

```
n = 0 #나무를 구성하는 전체 줄의 순서를 저장하는 변수
for height in range(4):
    for width in range(4):
        x = 0
        y = 240
        x = x - 30 * (height + width) #x좌표 값을 구하기 위한 연산식
        y = y - 30 * n #y좌표 값을 구하기 위한 연산식
```

x, y 좌표의 초기값은 반복문 안에서 설정해야 한다. 왜냐하면 각 줄을 출력할 때마다 초기 좌표 위치(0, 240)를 기준으로 시작 위치가 정해지기 때문이다.

❸ 각 줄에 도형을 출력하기

도형이 출력될 줄의 시작 위치로 터틀을 이동시켜주어야 한다. 이 때, 객체가 이동하도록 '객체 이름.goto(x, y)'를 사용한다. 또한, 객체를 출력하도록 '객체 이름.stamp()'를 사용한다. 아래 프로그램의 순서를 바탕으로 ❷의 코드에 이어 다음의 코드를 입력해 보자.

```
도형을 (단 번호 + 단에서의 줄 번호 )×2+1 개수 만큼 반복
    만약, 전체 줄 순서 % 4 가 0과 같으면 deepskyblue 색을 가진 원 출력
    만약, 전체 줄 순서 % 4 가 1과 같으면 dodgerblue 색을 가진 삼각형 출력
    만약, 전체 줄 순서 % 4 가 2와 같으면 cornflowerblue 색을 가진 사각형 출력
    만약, 전체 줄 순서 % 4 가 3과 같으면 royalblue 색을 가진 원 출력
한 줄을 완성할 때 전체 줄 순서 + 1
```

```
for loop in range(2 * (height + width) + 1):
    if n % 4 == 0:
        a.goto(x, y)
        a.stamp()
        x = x + 30
    elif n % 4 == 1:
        b.goto(x, y)
        b.stamp()
        x = x + 30
    elif n % 4 == 2:
        c.goto(x, y)
        c.stamp()
        x = x + 30
    elif n % 4 == 3:
        d.goto(x, y)
        d.stamp()
        x = x + 30
n +=1
```

loop 변수를 이용하여 2*(height+width)+1까지 반복한다. 2*(height+width)+1은 각 줄에서 출력해야 할 도형의 개수를 계산하는 연산식이다.

다음 도형을 출력할 위치로 이동하기 위하여 x 좌표를 30만큼 이동한다.

변수 n은 단 번호를 저장하는 변수 height와 줄 번호를 저장하는 변수 width와는 별개로, 트리를 그리는 데 필요한 전체 줄 수(줄의 순서)를 저장하는 변수이다. 따라서 변수 for문을 통해 한 줄에서 그려야 할 도형을 다 그리고 나면, 그 다음 줄이 몇 번째 줄인지 나타내도록 n을 1만큼 증가시킨다.

3 기둥 모양 제작하기

크리스마스 트리의 기둥은 'darkmagenta'색의 사각형으로 구성된다. 나무 모양을 제작할 때 활용했던 'c' 터틀 객체의 색상만 변경하여 사용하면 된다. 기둥 그리기의 시작 좌표는 (−60, −240)이며, 4 × 5 행렬을 이룬다.

기둥을 이루는 각 줄이 시작하는 x 좌표값은 항상 같으며, y 좌표값은 줄이 바뀔 때마다 -30씩 줄어든다. 기둥의 행을 그릴 때에 사용하는 변수를 pot_height, 기둥의 열을 그릴 때 사용하는 변수를 pot_width로 설정한다.

```
c.color('darkmagenta') #트리 기둥을 그리기 위한 도형의 색 설정
y = -240 #기둥을 그리기 위한 y좌표의 시작 위치 설정
for pot_height in range(4): #행의 수만큼 반복
    x = -60 #각 줄이 시작되는 x좌표 값
    for pot_width in range(5): #열의 수만큼 반복
        c.goto(x,y)
        c.stamp()
        x += 30
    y -= 30
```

완성된 프로그램을 실행시켜 결과를 출력해 보자.

전체 코드

```
from turtle import *

a = Turtle()
a.shape('circle')
a.color('deepskyblue')
b = Turtle()
b.shape('triangle')
b.color('dodgerblue')
c = Turtle()
c.shape('square')
c.color('cornflowerblue')
d = Turtle()
d.shape('circle')
d.color('royalblue')

a.up()
b.up()
c.up()
d.up()

for height in range(4):
    for width in range(4):
        x = 0
        y = 240

n = 0
```

```
for height in range(4):
    for width in range(4):
        x = 0
        y = 240
        x = x - 30 * (height + width)
        y = y - 30 * n

        for loop in range(2 * (height + width) + 1):
            if n % 4 == 0:
                a.goto(x, y)
                a.stamp()
                x = x + 30
            elif n % 4 == 1:
                b.goto(x, y)
                b.stamp()
                x = x + 30
            elif n % 4 == 2:
                c.goto(x, y)
                c.stamp()
                x = x + 30
            elif n % 4 == 3:
                d.goto(x, y)
                d.stamp()
                x = x + 30
        n +=1
```

```
c.color('darkmagenta')
y = -240
for pot_height in range(4):
    x = -60
    for pot_width in range(5):
        c.goto(x,y)
        c.stamp()
        x += 30
    y -= 30
```

Part 2

파이썬 활용
Chapter5 pygame으로 파이썬 게임 만들기
Chapter6 파이썬과 GUI 프로그래밍

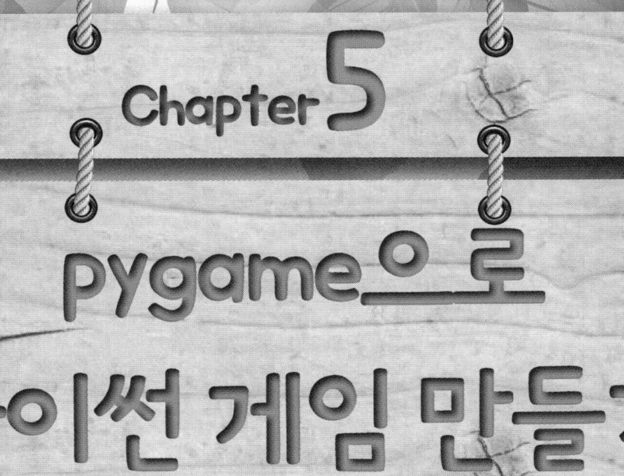

Chapter 5

pygame으로 파이썬 게임 만들기

지금까지 파이썬으로 다양한 프로그램을 제작해 보았다. 충분히 파이썬 프로그래밍에 익숙해졌다면 이번에는 파이썬을 활용해 게임을 제작해 보자. 게임은 다양한 멀티미디어 자료를 활용하고, 게임 스토리를 구성하는 사고력이 필요하다. 먼저 우리는 게임 제작에 사용할 수 있는 라이브러리인 'pygame'으로 간단한 인터랙티브 게임을 제작해 보자.

파이썬으로 게임을?

우리가 접하는 게임 프로그램는 대부분 C나 Java같은 프로그래밍 언어로 제작되지만 파이썬은 게임의 진행이나 스크립트 처리 등의 목적으로 함께 활용되는 경우가 많다.
아래 사진은 파이썬으로 개발되었거나 파이썬을 활용하는 게임 프로그램의 예이다.

빌 게이츠도 프로그래밍을 처음 시작했을 때 '틱-택-토(tic-tac-toe)' 게임을 제작했다고 한다. 아마 프로그래밍을 한다는 사람들은 모두 게임 제작의 꿈을 가지고 있을 것이다. 하지만 우리가 즐겨하는 게임처럼 수준 높은 게임 프로그래밍을 하기 위해서는 다양한 지식이 필요하다.

게임 제작에 대한 지식을 얻고 이해를 높이고 싶다면 다음의 자료들을 참고해 보자.

■ 도서 The Art of Game Design(게임 디렉터, 기획자, 개발자가 꼭 읽어야 할 게임 디자인에 관한 모든 것)
■ 사이트 http://www.slideshare.net/sm9kr/1-17219615 NHN NEXT - 게임제작개론 시리즈
■ 사이트 http://www.kocw.net/home/search/kemView.do?kemId=135397 -게임제작 공정관리
■ 사이트 http://www.thisisgame.com/webzine/news/nboard/5/?n=39972 - 1인 개발을 완주하다
■ 사이트 http://www.slideshare.net/seokkyuchang/1-42979046 - 1인 개발로 앱스토어 출시하기

이제부터 우리는 파이썬이 제공하는 라이브러리와 모듈 등을 활용하여 간단하게 만들 수 있는 인터랙티브 게임을 제작해 볼 것이다.

pygame 모듈 설치

우리는 지금까지 Turtle을 활용하여 그림을 그리거나 숫자를 계산하는 등의 프로그래밍을 진행해 보았다. 이 장에서는 조금 더 인터랙티브한 'pygame'이라는 모듈을 사용할 것이다. pygame은 그래픽과 사운드 기능을 지원하여 다양한 게임을 만들 수 있도록 하는 모듈(라이브러리)이다. pygame은 파이썬을 설치할 때 함께 포함되어 있지 않기 때문에 추가적으로 설치해야 한다. 설치할 때는 파이썬의 버전이나 운영체제 버전을 반드시 확인한다.

https://pypi.org/project/Pygame/1.9.4/#files의 Download files 목록에서 제일 아래의 최신 버전 또는 https://www.lfd.uci.edu/~gohlke/pythonlibs/#pygame에서 최신 버전(확장자 whl)을 다운로드 받을 수 있다(2018.8월 기준 v1.9.4).

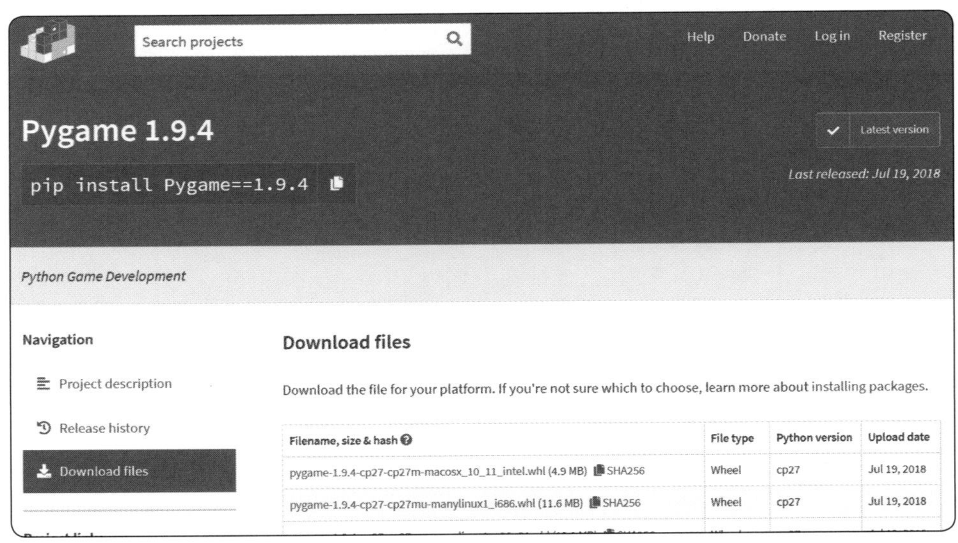

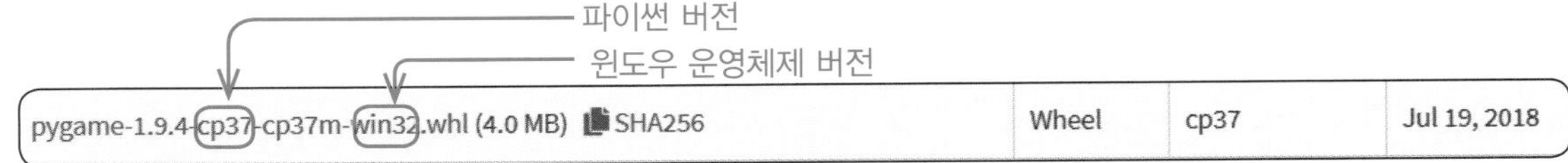

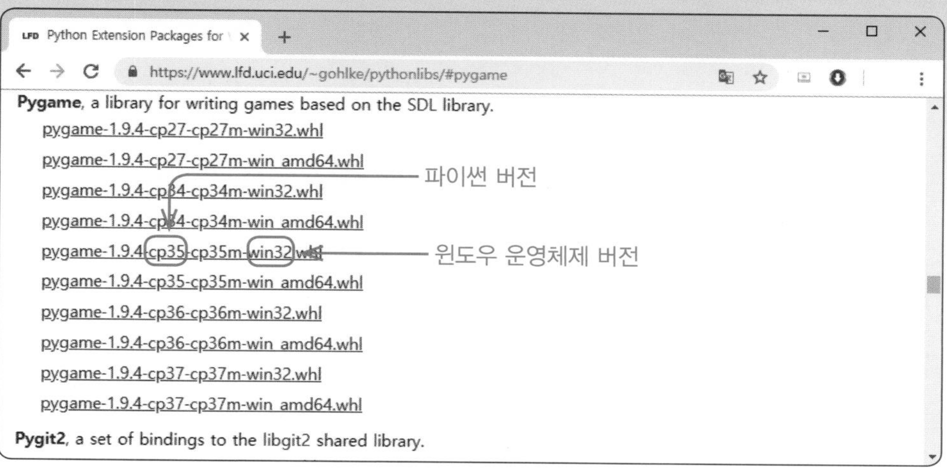

pygame 파일은 C: 드라이브(혹은 경로가 짧은 위치)에 다운로드 받는 것이 좋다. 왜냐하면 명령 프롬프트 창([시작] – [실행] – 'cmd' 입력)에서 pygame을 설치할 때 해당 경로를 찾아가야 하므로(해당 경로를 입력해야 하므로) 우리가 작성하기 쉬운 위치 다운로드 받도록 하자.

만약, 파일을 'C:₩Python37-32' 폴더에 다운로드 받았다면 명령 프롬프트에서 다음과 같이 입력하여 폴더를 찾자.

```
C:\WINDOWS\system32\cmd.exe
C:\Users\user>cd..
C:\Users>cd..
C:\>cd Python37-32
c:\Python37-32>pip install pygame-1.9.4-cp37-cp37m-win32.whl
Processing c:\python37-32\pygame-1.9.4-cp37-cp37m-win32.whl
Installing collected packages: pygame
Successfully installed pygame-1.9.4

C:\Python37-32>
```

pygame이 제대로 설치되었는지 확인하기 위해서 셸 창에서 다음과 같이 입력해 보자.

```
>>> import pygame
>>> dir(pygame)
```

다음과 같은 결과가 나타나면 pygame이 제대로 설치된 것이다.

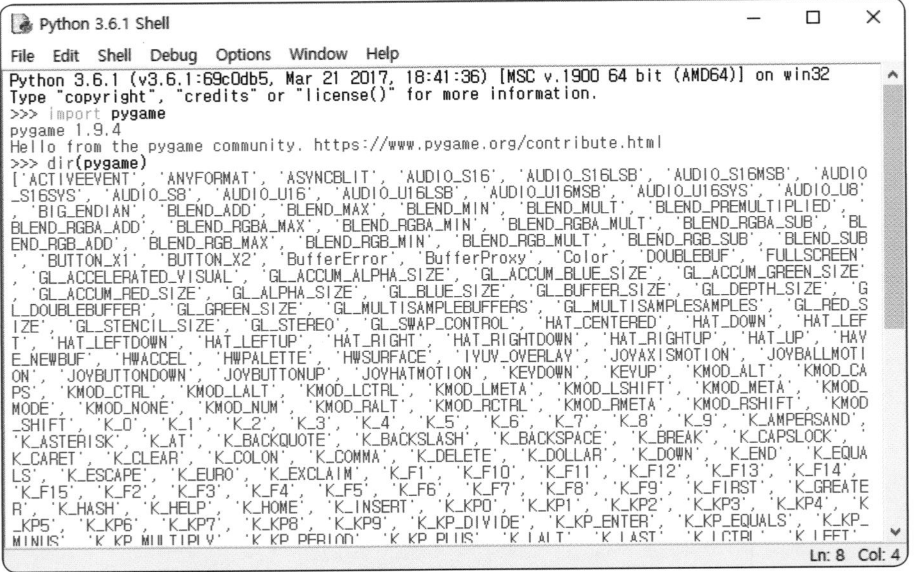

게임 제작 준비

복잡하고 화려한 게임도 가장 기본적인 게임 프로그래밍에서부터 출발하므로 기본적이고 간단한 게임 프로그램부터 만들어 보자. 우주선을 향해 날아오는 소행성을 피하는 우주선 조종 게임을 만들려고 할 때, 앞서 여러 프로그램을 제작할 때와 마찬가지로 준비 작업과 계획을 세워 보자.

다음의 순서대로 게임 프로그램을 계획해 보자.

1 게임의 시나리오(콘티)를 짠다!

게임의 시나리오는 게임의 정체성을 결정한다. 게임 제작에 참여하는 사람들은 시나리오대로 게임 제작이 진행되는지를 계속해서 점검하고, 기술적인 문제나 게임의 완성도, 재미 등에 문제가 있다면 시나리오를 수정할 수 있다. 다음은 우리가 제작할 게임의 시나리오이다.

> 우주선이 우주에서 탐험을 하던 중, 우주 폭풍에 휘말렸다. 폭풍 속에서 우주선을 조종하여 폭풍 속 소행성들을 피해 안전한 곳까지 대피하도록 하자.

2 시각적 요소와 청각적 요소를 고려한다!

게임에서는 시각적인 요소와 청각적인 요소를 통해 유저들에게 몰입감과 생동감이 느껴지게끔 만든다. 그러므로 게임 제작에서 멀티미디어 자원(배경 음악, 효과음, 영상, 그림, 캐릭터 등)을 어떻게 활용할 것인지 화면을 어떻게 배치하고 구성할지에 대한 계획도 필요하다.

3 게임 동작들을 프로그래밍 한다!

그래픽이나 사운드가 아무리 뛰어나더라도 게임이 정상적으로 동작하지 않는다면 소용이 없다. 게임이 매끄럽게 진행될 수 있도록 게임 동작에 대해 꼼꼼하게 프로그래밍 한다. 다음의 내용은 우주선 조종 게임에서 필요한 동작을 나열한 것이다.

- 게임의 시작과 종료
- 캐릭터의 이동 / 장애물의 이동
- 유저의 입력 처리(키보드 방향키 입력에 따라 캐릭터 이동)
- 다양한 이벤트 처리(행성과 캐릭터가 부딪혔을 때, 100점을 넘었을 때 등)

시작 화면 만들기

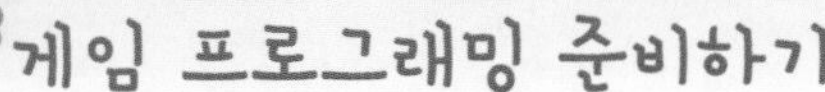

게임 프로그래밍 준비하기

본격적인 게임 프로그램 작성에 앞서 import 명령어를 사용해, 다음과 같이 코드를 입력하여 pygame 모듈을 가져오자. 또한, 함께 사용할 다른 모듈들도 가져오도록 하자.

```
import pygame, random, sys
from pygame.locals import *
```

import pygame, random, sys ← from pygame import * / from random import * / from sys import * 와 동일

pygame 외에 random 모듈과 sys 모듈은 각각 다음과 같은 역할을 한다.

- random 모듈 : 난수를 발생시켜 캐릭터의 위치 값, 캐릭터의 속도, 크기 등을 임의로 설정
- sys 모듈 : 프로그램을 종료

이전 프로그램과 달리 여러 개의 모듈을 한꺼번에 가져올 때에는 import 뒤에 각 모듈의 이름을 쉼표로 구분하여 작성한다.

두 번째 줄에서는 pygame에 포함된 pygame.locals 모듈을 가져온다. pygame.locals 모듈에는 pygame에서 자주 활용하는 이벤트 값이나 킷 값이 기록되어 있기 때문에 위와 같이 코드를 작성하여 사용한다. from 모듈 이름 import *로 모듈을 가져오면 함수를 사용할 때 모듈 이름을 일일이 적지 않아도 되어 편리하게 사용할 수 있다. pygame 모듈은 가져온 후, 초기화를 해야 하므로, 위 코드에 이어서 다음의 코드를 입력하여 pygame을 초기화하자.

```
pygame.init()
```

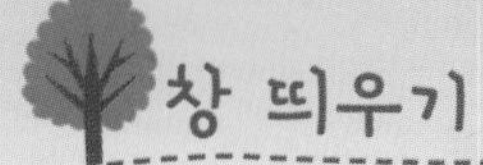

창 띄우기

게임을 실행할 파이썬 창을 하나 생성하기 위해서 다음의 코드를 입력해 보자.

```
windowSurface = pygame.display.set_mode((640, 480), 0, 32)
pygame.display.set_caption('Hello pygame!')
```

창을 띄우기 위해 pygame.display 모듈에 있는 set_mode()를 사용한다. 이 명령의 괄호 안에 들어가는 인자는 다음과 같다.

```
pygame.display.set_mode((창의 가로 길이, 창의 세로 길이), 옵션, 색상 깊이)
```

- 창의 가로 길이와 세로 길이는 픽셀(pixel) 단위를 사용한다.
- 만약 창의 가로 길이와 세로 길이를 0으로 설정하면 내 모니터의 최대 해상도 사이즈와 동일한 크기의 창이 생긴다.
- 옵션은 하드웨어 메모리를 통해 디스플레이 화면을 띄울 때 사용하는 것으로, 여기서는 사용하지 않을 것이므로 0을 넣어준다.
- 색상 깊이는 일반적으로 사용하는 32bit 색상을 사용한다. 일반적으로 8의 배수(8, 16, 24, 32)로 색상 비트를 표현하며, bit 수가 크면 다양한 색상을 표현할 수 있지만 메모리를 많이 차지하게 된다.

따라서 첫 번째 줄은 windowSurface라는 이름의 640*480 크기의 창을 생성하는 명령이다.
두 번째 줄에 있는 set_caption()은 창의 제목을 설정하기 위한 것이다. 여기서는 임시로 'Hello pygame!' 이라는 이름으로 창의 제목을 정했다. 여기서만 사용하고 이 코드는 삭제한다
지금까지 작성한 코드를 'Hellopygame.py'로 저장하고 프로그램을 실행시켜 보자.

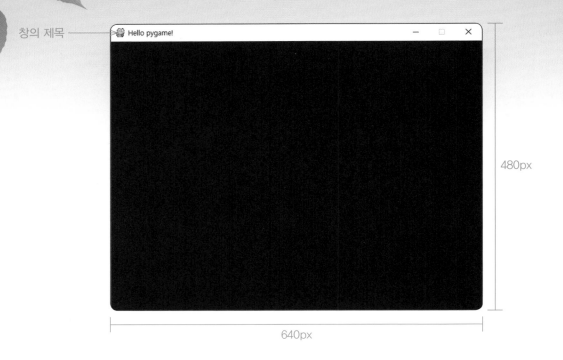

더 파고들기

surface

pygame에서 가장 중요한 부분이 바로 surface이다. 이 surface는 pygame에 등장해야 하는 이미지를 표현하는 화면 객체이다. 쉽게 말해 도화지와 같은 역할을 하며, pygame에는 여러 개의 surface를 사용할 수 있다. 우리는 surface에 선도 그리고 캐릭터도 넣고, 색상도 지정할 수 있다.

surface를 활용하는 명령의 예시는 다음과 같다.

- pygame.display.set_mode() – 컴퓨터 화면에 surface를 나타내도록 하는 명령
- image.load() – 이미지를 surface에 나타내도록 하는 명령
- font.render() – 텍스트를 surface에 나타내도록 하는 명령
- Surface() – surface에 아무것도 표시되지 않도록 하는 명령

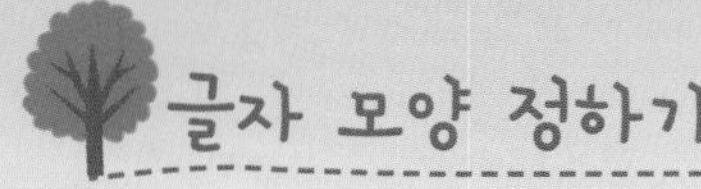

글자 모양 정하기

이 게임의 시작 화면에는 맨 위에 게임의 제목을 표시하고, 게임을 시작할 수 있는 방법을 안내하는 문구를 배치할 것이다. 그러기 위해서는 먼저, 글자를 화면에 표시하기 할 때 글자 모양을 설정하기 위해 다음과 같은 코드를 사용한다.

```
titleFont = pygame.font.SysFont(None, 48)
textFont = pygame.font.SysFont('Gulim', 24)
```

- pygame.font 모듈에 있는 SysFont()는 pygame에서 사용할 글꼴을 설정하고, ( )안의 인자에 'None' 값을 주면 시스템의 기본 글꼴을 사용한다.
- 'Gulim'과 같이 글꼴 이름을 입력하면 해당 글꼴과 글자 크기로 font 객체를 생성하게 된다.

변수와 같이 font를 미리 만들어 두면 필요할 때 글자 모양을 적용시킬 수 있다.

시스템의 기본 글꼴과 48포인트의 크기로 titleFont를, 굴림과 24포인트의 크기로 textFont를 설정하고 화면에 글자를 출력해 보자.

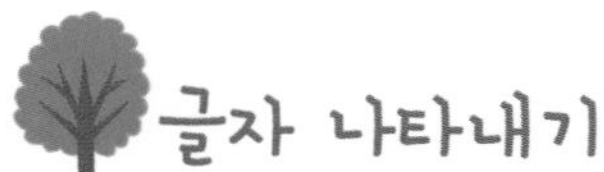

글자 나타내기

```
WHITE = (255, 255, 255)
BLACK = (0, 0, 0)

title = titleFont.render('Asteroid Escape', True, WHITE, BLACK)
titleRect = title.get_rect()
titleRect.topleft = (100, 200)
windowSurface.blit(title, titleRect)
```

```
text = textFont.render('Press a key to start!', True, BLACK, WHITE)
textRect = text.get_rect()
textRect.topleft = (100, 300)
windowSurface.blit(text, textRect)
```

위의 코드를 입력하면 화면에 글자가 표시된다. 코드가 어떤 내용을 담고 있는지 한 줄씩 살펴보자

```
WHITE = (255, 255, 255)
BLACK = (0, 0, 0)
```

먼저, pygame에서 색상은 RGB로 나타낸다. 앞서 turtle 모듈을 사용할 때는 색상 이름을 직접 입력했지만 일반적으로 0부터 255까지의 숫자로 조합해 만드는 RGB를 많이 사용한다.
검은색 바탕에 흰 글자를 사용할 것이기 때문에 흰색과 검은색 코드를 미리 만들어놓고 활용하자. 이와 같이 미리 지정해놓으면 코드를 이해가기 더 쉬워진다.

```
title = titleFont.render('Asteroid Escape', True, WHITE, BLACK)
```

이 명령은 앞에서 설정한 titleFont를 이용하여 "Asteroid Escape"라는 글자를 흰색으로, 배경은 검은색으로 나타내도록 하는 surface를 생성하여 title에 저장한다. 여기서 폰트이름.render()는 문자가 출력된 surface를 생성하는 역할을 한다. render()의 형식은 다음과 같다.

```
폰트 이름.render( ' 표시할 글 ' , 안티-앨리어싱 여부, 글자색, 배경색)
```

```
titleRect = title.get_rect()
```

앞에서 title이라는 이름의 surface를 생성하여 저장하였다. 이를 화면에 나타나도록 하기 위해선. get_rect()를 사용한다. get_rect()는 글자를 사각형으로 만들어준다. get_rect()로 글자를 사각형

으로 만들면 다양한 옵션으로 설정을 조정할 수 있다. get_rect()에 의해 사각형이 된 글자는 화면에서 위치값을 가진 객체가 될 수 있다. 다음의 코드를 살펴보자.

```
titleRect.topleft = (100, 200)
```

이와 같은 코드는 사각형에서 왼쪽 상단 꼭짓점의 값을 (100, 200)으로 설정하여 창의 왼쪽에서 100픽셀, 위쪽에서 200픽셀만큼 떨어진 곳에 글자가 그려지게 된다.

```
windowSurface.blit(title, titleRect)
```

Surface 이름.blit()는 다른 surface 위에 또 다른 surface를 그릴 때 사용하는 명령으로 그 형식은 다음과 같다.

```
배경Surface.blit(위에 그릴 surface, 그릴 위치와 크기)
```

지금까지는 시작 화면의 제목 부분에 관한 코드를 살펴보았다. 이를 토대로 게임을 시작하는 방법을 안내하는 글자인 “Press a key to start!”를 화면에 나타나도록 만들어 보자.

제목 부분과 달리 안내 부분은 글자가 흰색 바탕에 검정 글씨로 출력되고, 제목보다 100픽셀 아래에 출력되도록 다음의 코드를 입력해 보자.

```
text = textFont.render('Press a key to start!', True, BLACK, WHITE)
textRect = text.get_rect()
textRect.topleft = (100, 300)
windowSurface.blit(text, textRect)
```

가장 마지막 줄에 다음의 코드를 입력한 후, 화면이 어떻게 나타나는지 확인해 보자. display.update()는 기존의 화면에서 변경된 사항을 다시 화면에 표시해주는 역할을 담당한다. 여기까지 진행했다면 다음과 같은 화면이 나타날 것이다.

```
pygame.display.update()
```

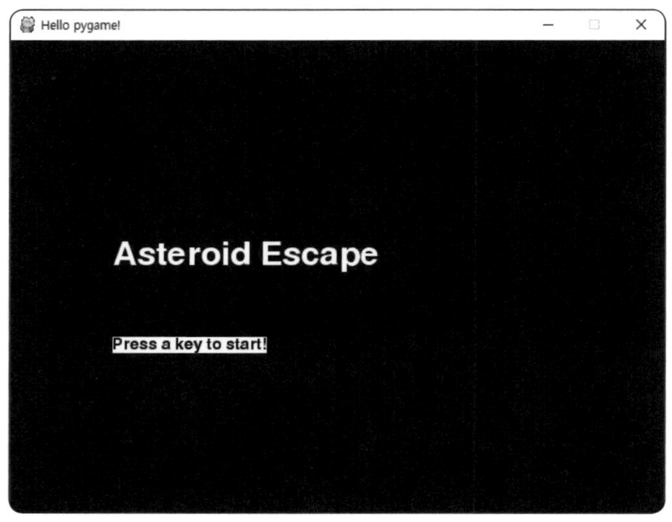

더 파고들기

안티-앨리어싱

앨리어싱은 이미지에서 나타나는 계단 현상을 말한다. 반대로 안티-앨리어싱은 계단 현상을 없애는 것을 의미하는 것이다. 앨리어싱은 보통 게임을 할 때 혹은 영상을 볼 때 나타나는 현상으로, 왼쪽 그림은 앨리어싱 현상이 있어 캐릭터의 이마와 머리카락의 경계가 계단 모양으로 보인다. 오른쪽은 안티-앨리어싱 기능을 설정하여 이마와 머리의 경계가 매끄럽게 보이는 것을 확인할 수 있다.

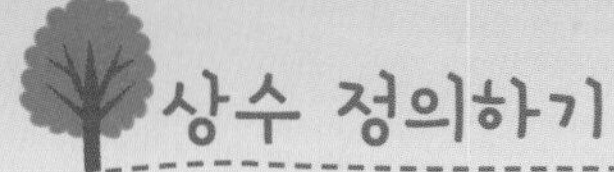

상수 정의하기

앞서 WHITE=(255, 255, 255)와 같이 게임 프로그램 설정에 필요한 상수를 변수 이름으로 미리 지정해 놓으면 코드를 더욱 이해하기 쉽고, 수정도 간단하게 할 수 있다.
다음의 코드를 작성하여 앞으로 사용하게 될 상수를 미리 지정하자.

```
WHITE = (255, 255, 255)
BLACK = (0, 0, 0)

WINDOWWIDTH = 600
WINDOWHEIGHT = 600
```

우리가 생성할 창의 가로와 세로 길이 값을 지정하기 위해 600이라는 숫자를 입력하는 대신에 변수 WINDOWIDTH, WINDOWHEIGHT를 사용할 것이다. 변수 이름을 통해 코드가 무엇을 의미하는지 쉽게 파악할 수 있고, 수정할 때 용이하다.
142쪽에서 창을 생성할 때 만든 코드를 다음과 같이 수정해 보자.

```
windowSurface = pygame.display.set_mode((640, 480), 0, 32)
```

↓

```
WINDOWWIDTH = 600
WINDOWHEIGHT = 600
windowSurface = pygame.display.set_mode((WINDOWWIDTH, WINDOWHEIGHT), 0, 32)
```

이전 코드보다 다소 복잡해 보일 수 있지만 전체 프로그램이 완성된 후, 창의 가로 길이나 세로 길이를 변경할 때 길어진 코드에서 일일이 찾아 수정할 필요 없이 상수 값만 변경해 주면 된다.
이 외에도 필요한 여러 상수를 다음의 코드를 작성하여 만들어 보자.

```
WINDOWWIDTH = 600
WINDOWHEIGHT = 600

PLAYERSPEED = 5 # 우주선의 이동 속도에 활용
ASMINSIZE = 10 # 소행성의 최소 크기를 결정
ASMAXSIZE = 50 # 소행성의 최대 크기를 결정
ASMINSPEED = 1 # 소행성의 최소 속도를 결정
ASMAXSPEED = 10 # 소행성의 최대 속도를 결정
NEWASRATE = 10 # 소행성이 등장하는 비율을 조정
```

게임 프로그램을 만들면서 이와 같은 상수를 변경하여 게임의 난이도를 조절할 수 있다. 지금부터 등장할 코드에서는 상수를 활용하게 될 것이다. 코드를 작성한 후, 상수를 수정해 보면 어느 부분이 영향을 받는지 파악할 수 있을 것이다.

종료 화면 만들기

시작 화면과 같은 방식으로 게임 종료 화면을 만들어 보자. 게임 종료 화면도 생성된 창에 글자를 나타내려면 139쪽의 코드를 반복하고 수정해야 한다. 이렇게 하면 전체 코드가 길고 가독성이 떨어질 것이다. 그러므로 글자를 쓰는 명령들을 함수로 선언하고 사용해 보자.

142쪽 상수 코드에 이어서 다음의 코드를 작성해 보자. 위의 코드는 앞에서 제작한 시작 화면에 글자를 표시하는 코드를 'showText'라는 함수로 정의했다. showText (출력할 글자, 글꼴, 배경 Surface, x좌표, y좌표) 함수는 괄호 안의 내용을 인자로 받는다.

```
#화면에 글씨 출력하는 함수
def showText(text, font, surface, x, y):
    textobj = font.render(text, 1, WHITE, BLACK)
    textrect = textobj.get_rect()
    textrect.topleft = (x, y)
    surface.blit(textobj, textrect)

#137쪽 3~6번째 줄 수정
showText('Asteroid Escape', titleFont, windowSurface, 100, 200)
#138쪽 1~4번째 줄 수정
showText('Press a key to start', textFont, windowSurface, 100, 300)
```

이제 게임 종료 화면을 만드는 코드를 작성해 보자. 마찬가지로 showText 함수를 이용해 위 코드에 이어서 다음의 코드를 입력해 보자.

```
showText('Game Over!', titleFont, windowSurface, WINDOWWIDTH - 300,
WINDOWHEIGHT - 200)
showText('Press a key to RESTART!', textFont, windowSurface, WINDOWWIDTH - 300,
WINDOWHEIGHT - 150)
```

진행 화면 만들기

시작 화면에서 안내된 방법대로 사용자가 키보드의 아무 키나 누르면 본격적인 게임이 진행된다. 진행 화면에는 유저가 딴 점수를 표시하고 게임을 진행하는 캐릭터들이 등장해야 한다. 이와 같은 내용을 어떻게 화면에 구성할 것인지 생각해 보자.

점수 표시하기

점수를 표시할 글자 “SCORE:”를 화면에 출력하는 코드를 입력해 보자. 시작 화면→진행 화면→종료 화면 순으로 프로그램이 실행되므로 시작 화면 코드와 종료 화면 코드 사이에 다음의 코드를 입력한다.

```
NEWASRATE = 10
score = 0 #점수를 저장하는 변수
windowSurface = pygame.display.set_mode((WINDOWWIDTH, WINDOWHEIGHT), 0, 32)
        ⋮
#시작 화면 출력
showText('Asteroid Escape', titleFont, windowSurface, 100, 200)
showText('Press a key to start', textFont, windowSurface, 100, 300)
#'SCORE:' 화면에 출력
showText('SCORE : ' + str(score), textFont, windowSurface, WINDOWWIDTH - 200,
WINDOWHEIGHT  -  550)
#종료 화면 출력
showText('Game Over!', titleFont, windowSurface, WINDOWWIDTH-300, WINDOWHEIGHT -
200)
showText('Press a key to RESTART!', textFont, windowSurface, WINDOWWIDTH - 300,
WINDOWHEIGHT - 150)
```

좀 더 자세히 코드를 살펴보자.

- 점수를 저장할 변수를 'score'로 정한다.
- 점수는 0부터 시작하므로 초깃값을 0이라고 설정한다.
- 화면에 글자 'SCORE :'와 점수가 나란히 보여야 하므로 'SCORE: + str(score)'로 입력한다.
- 점수와 안내 글자가 (400, 50) 위치에 나타나게 하기 위해 창의 크기를 의미하는 WINDOWWIDTH와 WINDOWHEIGHT를 활용하여 'WINDOWWIDTH – 200', 'WINDOWHEIGHT – 550'로 표현한다.

여기까지 진행했다면 실행했을 때, 다음과 같은 화면이 나타날 것이다. 지금은 테스트 단계이므로 점수와 함께 게임의 시작 화면/ 종료 화면의 글자가 출력된다.

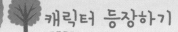

캐릭터 등장하기

이 게임에서는 플레이어인 우주선과 장애물인 소행성 캐릭터가 등장한다. 저장된 이미지를 불러와 게임 캐릭터를 사용할 것이다. 이때, 이미지는 소스코드와 같은 폴더에 저장한다.

먼저 화면에 우주선(플레이어) 캐릭터를 등장시켜 보자. 144쪽 코드에 이어서 다음의 코드를 입력해 보자.

```
playerImage = pygame.image.load('player.png')
playerRect = playerImage.get_rect()
playerRect.topleft = (250, WINDOWHEIGHT - 100)
windowSurface.blit(playerImage, playerRect)
```

- 우주선 이미지를 소스코드와 같은 폴더에 'player.png'라는 이름으로 미리 저장한다.
- image.load()는 player.png 파일을 불러와 playerImage에 저장한다.
- playerImage.get_rect()로 이미지 파일의 공간을 확보한다.
- playerRect.topleft를 (250, WINDOWHEIGHT −100)으로 설정하여 이미지의 위치를 지정한다.
- windowSurface. blit() 명령으로 창에 이미지를 추가한다.

소행성 캐릭터를 등장시키기 위해 146쪽에 이어 다음의 코드를 입력해 보자. 앞서 작성한 코드를 복사해 일부 수정하여 코드를 완성해 보자.

```
asteroidImage = pygame.image.load('asteroid.png')
asteroidRect = asteroidImage.get_rect()
asteroidRect.topleft = (WINDOWWIDTH - 300, WINDOWHEIGHT - 500)
windowSurface.blit(asteroidImage, asteroidRect)
```

여기까지 진행했다면 실행했을 때, 다음과 같이 한 화면에 두 이미지가 나타난 것을 확인할 수 있다. 지금은 테스트 단계이므로 게임의 시작 화면과 종료 화면의 글자가 함께 출력된다.

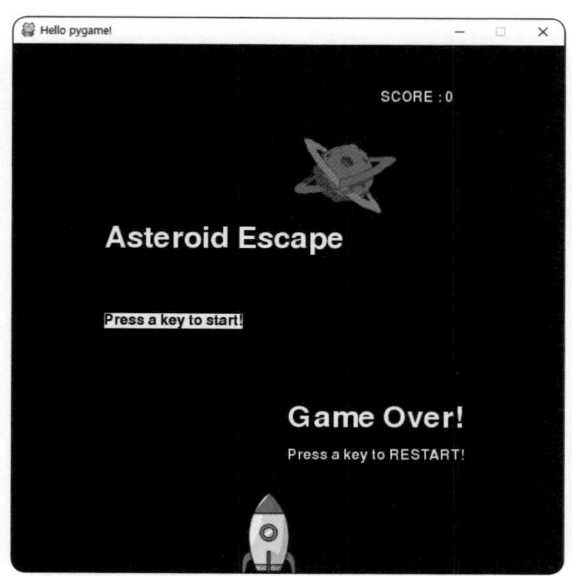

게임 종료 작성하기

지금까지는 게임 종료 동작을 실행하고자 해도 종료가 되지 않는다. 다음의 코드를 가장 마지막에 입력해 프로그램이 종료될 수 있도록 만들어 보자. 이 코드는 이벤트가 발생했는지 지속적으로 관찰하고, 만약에 발생한 이벤트가 종료하라는 버튼이 눌려진 경우라면 게임을 종료하고 창을 닫도록 하는 명령이다.

```
pygame.display.update()

while True:
    for event in pygame.event.get():
        if event.type == QUIT:
            pygame.quit()
            sys.exit()
```

```
while True:
```

while 문의 조건이 True라면 while 문 아래 명령이 무한대로 반복된다. 이런 무한 반복문은 break 명령어를 통해 빠져나올 수 있다.

```
    for event in pygame.event.get():
```

pygame.event에 get()으로 이벤트 이름을 가지고 온다. 무한 반복 안에 명령이 포함되어 있기 때문에 계속해서 이벤트가 일어나는지 감시하는 역할을 한다.

```
        if event.type == QUIT:
```

가져온 이벤트의 종류가 'QUIT'인지 확인한다. 이벤트 종류가 'QUIT'이라면 화면을 종료 동작을 감지한 것이므로 pygame을 종료하고 sys.exit()로 창을 종료하게 된다.

지금까지 작성한 코드를 정리해 보면 다음과 같다.

```
# 모듈 가져오기
import pygame, random, sys
from pygame.locals import *

# pygame 시작하기
pygame.init()

# 상수 정의하기
WHITE = (255, 255, 255)
BLACK = (0, 0, 0)

WINDOWWIDTH = 600
WINDOWHEIGHT = 600

PLAYERSPEED = 5

ASMINSIZE = 10
ASMAXSIZE = 50
ASMINSPEED = 1
ASMAXSPEED = 10
NEWASRATE = 10

# 점수 변수 정의하기
score = 0

# 창 생성하기
windowSurface = pygame.display.set_mode((WINDOWWIDTH, WINDOWHEIGHT), 0, 32)
pygame.display.set_caption('Asteroid Escape')
```

```
# 글자 모양 정하기
titleFont = pygame.font.SysFont(None, 48)
textFont = pygame.font.SysFont('Gulim', 24)

# 화면에 글씨 출력하는 함수 정의하기
def showText(text, font, surface, x, y):
    textobj = font.render(text, 1, WHITE, BLACK)
    textrect = textobj.get_rect()
    textrect.topleft = (x, y)
    surface.blit(textobj, textrect)

# 화면에 글자 나타내기
showText('Asteroid Escape', titleFont, windowSurface, 100, 200)
showText('Press a key to start', textFont, windowSurface, 100, 300)

showText('SCORE : ' + str(score), textFont, windowSurface, WINDOWWIDTH - 200,
WINDOWHEIGHT - 550)

showText('Game Over!', titleFont, windowSurface, WINDOWWIDTH - 300, WINDOWHEIGHT
- 200)
showText('Press a key to RESTART!', textFont, windowSurface, WINDOWWIDTH - 300,
WINDOWHEIGHT - 150)

# 우주선 이미지 등장하기
playerImage = pygame.image.load('player.png')
playerRect = playerImage.get_rect()
playerRect.topleft = (250, WINDOWHEIGHT- 100)
windowSurface.blit(playerImage, playerRect)
```

```
# 소행성 이미지 등장하기
asteroidImage = pygame.image.load('asteroid.png')
asteroidRect = asteroidImage.get_rect()
asteroidRect.topleft = (WINDOWWIDTH - 300, WINDOWHEIGHT - 500)
windowSurface.blit(asteroidImage, asteroidRect)

# 종료 이벤트 감시하기
while True:
    for event in pygame.event.get():
        if event.type == QUIT:
            pygame.quit()
            sys.exit()
```

게임 진행 프로그래밍

앞서 우리는 게임에서 필요한 모든 시각적 자료를 화면에 표현하는 코드를 작성하였다. 게임의 진행 상황에 맞게 앞의 코드를 다시 배치하면서 프로그램을 작성해 보자.

먼저, 게임 진행 상황을 다음과 같이 순서도로 나타낼 수 있다.

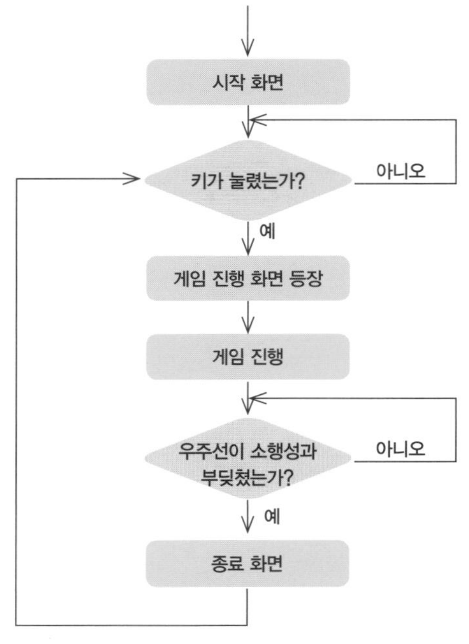

화면 코드의 재배치

여기서는 글자나 이미지가 화면에 나타나도록 했던 코드들은 일단 배제하고 사용할 이미지와 사운드 불러오거나 필요한 상수를 정의하고, 창을 생성하는 코드만을 남겨두어 게임 프로그램에서 직접적으로 동작 제어와 관련 있는 코드만 세팅만을 해둔다. 즉, 앞의 코드에서 점수 변수를 생성했던 부분, 글자 나타내던 부분, 종료 이벤트를 감시하던 부분, 디스플레이 업데이트 부분을 생략할 것이다.

앞서 작성한 코드를 다음과 같이 수정해 보자.

```
# 모듈 가져오기
import pygame, random, sys
from pygame.locals import *

# pygame 시작하기
pygame.init()

# 상수 정의하기
WHITE = (255, 255, 255)
BLACK = (0, 0, 0)

WINDOWWIDTH = 600
WINDOWHEIGHT = 600

PLAYERSPEED = 5
ASMINSIZE = 10
ASMAXSIZE = 50
ASMINSPEED = 1
ASMAXSPEED = 10
NEWASRATE = 10

# 창 생성하기
windowSurface = pygame.display.set_mode((WINDOWWIDTH, WINDOWHEIGHT), 0, 32)
pygame.display.set_caption('Asteroid Escape')

# 글자 모양 정하기
titleFont = pygame.font.SysFont(None, 48)
textFont = pygame.font.SysFont('Gulim', 24)
```

```
# 사용할 함수 정의하기
def showText(text, font, surface, x, y):
    textobj = font.render(text, 1, WHITE, BLACK)
    textrect = textobj.get_rect()
    textrect.topleft = (x, y)
    surface.blit(textobj, textrect)

# 캐릭터 불러오기
playerImage = pygame.image.load('player.png')
playerRect = playerImage.get_rect()
asteroidImage = pygame.image.load('asteroid.png')
```

게임의 시작

다음의 코드를 pygame.init() 아래에 입력해 보자.

```
pygame.init()
mainClock = pygame.time.Clock()
```

time.Clock()을 활용하면 시간과 관련된 정보를 얻어올 수 있다. 그러므로 mainClock을 활용하여 게임의 속도와 타이밍을 조절할 수 있다. 만약 속도를 설정해주지 않으면, 컴퓨터는 가장 빠른 처리 속도로 프로그램을 진행하기 때문에 시간 설정을 이와 같이 게임 프로그램의 앞 부분에 작성한다.

그 다음, 게임 시작 화면 코드를 다시 배치해 보자. '# 캐릭터 불러하기' 코드 아래에 다음의 코드를 작성해 보자.

```
# 캐릭터 불러오기
playerImage = pygame.image.load('player.png')
playerRect = playerImage.get_rect()
asteroidImage = pygame.image.load('asteroid.png')

# 게임 시작 화면 그리기
showText('Asteroid Escape', titleFont, windowSurface, 200, 250)
showText('Press a key to start', textFont, windowSurface, 200, 300)

pygame.display.update()
```

게임 시작 화면은 게임 프로그램을 실행하면 가장 먼저 실행되는 부분이다. 게임 제목인 "Asteroid Escape"와 게임 시작 방법을 알리는 안내문 "Press a key to start!"를 앞에서 정의했던 showText() 함수를 이용하여 작성한다. 그리고 이 글자가 화면에 보이도록 pygame.display.update()를 입력한다.

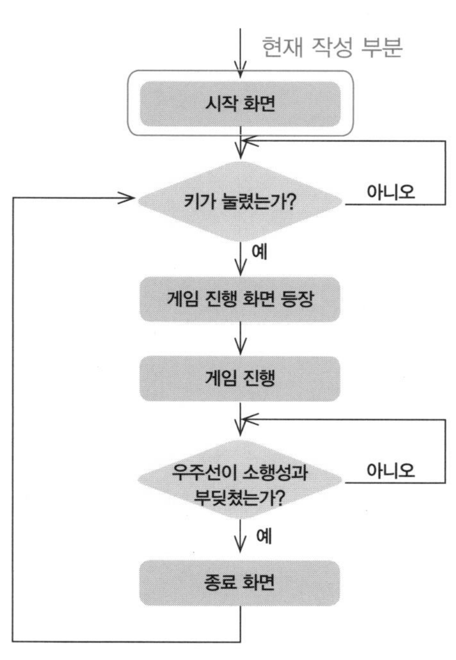

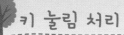

키 눌림 처리

시작 화면에서 안내한 대로 키가 눌리면 본격적인 게임이 시작되는 코드를 입력해 보자.

유저가 시작 화면에서 프로그램에 입력할 수 있는 이벤트는 두 가지이다. 종료 버튼을 누르는 이벤트와 게임 진행을 위해 키보드의 키를 누르는 이벤트이다. 이때, 두 가지 이벤트 중 하나의 이벤트가 일어날 것을 대기하는 과정이 필요한데, 이를 함수를 정의해 사용해 보자. '# 사용할 함수 정의하기' 코드 아래에 다음의 코드를 작성해 보자.

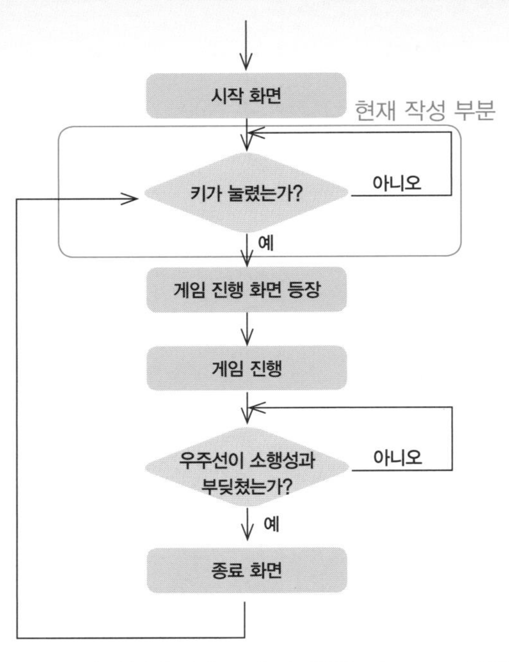


```
# 사용할 함수 정의하기
def showText(text, font, surface, x, y):
    ⋮
# 종료 버튼 이벤트 처리 함수 정의
def terminate():
    pygame.quit()
    sys.exit()

# 키보드 눌렀을 때 처리 함수 정의
def pressKeyToStart():
    while True:
```

```
for event in pygame.event.get():
    if event.type == QUIT:
        terminate()
    if event.type == KEYDOWN:
        return
```

좀 더 자세히 코드를 살펴보자.

- terminate() 함수는 프로그램을 종료하는 함수이다. 프로그램을 종료할 때에는 먼저 pygame을 종료한 후, sys.exit()로 종료한다.
- 프로그램의 종료가 필요한 곳에서 terminate() 함수를 호출하면 프로그램이 종료된다.
- pressKeyToStart() 함수는 종료 버튼을 마우스로 클릭하거나 키보드의 키를 누르는 등의 이벤트를 감시하기 위한 함수이다.

```
for event in pygame.event.get():
```

종료 조건을 설정하여 게임에서 이벤트가 발생할 때마다 검사한다.

```
    if event.type == QUIT:
        terminate()
```

만약 이벤트가 QUIT이라면 프로그램을 종료한다.

```
    if event.type == KEYDOWN:
        return
```

만약 이벤트가 KEYDOWN이라면 return한다. return은 현재 함수가 다시 호출될 때까지 그 다음의 명령을 계속 실행하도록 한다. 게임 시작 화면 부분에 다음의 코드를 추가해 보자.

```
showText('Asteroid Escape', titleFont, windowSurface, 200, 250)
showText('Press a key to start', textFont, windowSurface, 200, 300)

pygame.display.update()
pressKeyToStart()
```

게임 초기 설정

게임을 시작하기 위해서는 먼저 다음과 같은 내용을 초기화되어야 한다.

- 점수를 초기화해 매 번 게임이 시작될 때 0점에서 시작해야 한다.
- 소행성은 여러 개 나타나게 될 것이다. 이를 리스트로 관리한다.
- 우주선의 초기 위치는 지정된 위치에 나타나도록 한다.

바로 위의 코드에 이어 다음의 코드를 작성해 보자.

```
pygame.display.update()
pressKeyToStart()

# 게임 전체 루프 시작
while True:
    score = 0  #점수 초기화
    asteroids = [] #소행성 리스트
    playerRect.topleft = (290, WINDOWHEIGHT - 150) #우주선의 초기 위치
```

게임 진행 설정

이제 본격적인 게임을 진행하기 위한 명령을 설정한다. 다음과 같은 내용이 반복되어야 한다.

- 점수 계산하기
- 우주선(플레이어) 움직이기 : 키보드, 마우스 입력
- 소행성(장애물) 생성하기 → 삭제하기
- 우주선과 소행성 충돌시 처리

이와 같은 내용은 게임이 시작되어 종료될 때까지 혹은 우주선과 소행성이 충돌하여 게임이 끝날 때까지 반복된다. 따라서 횟수의 반복이 아닌 새로운 while 문이 필요하다. 이 반복문은 첫 번째 while 문 안에 포함된다.

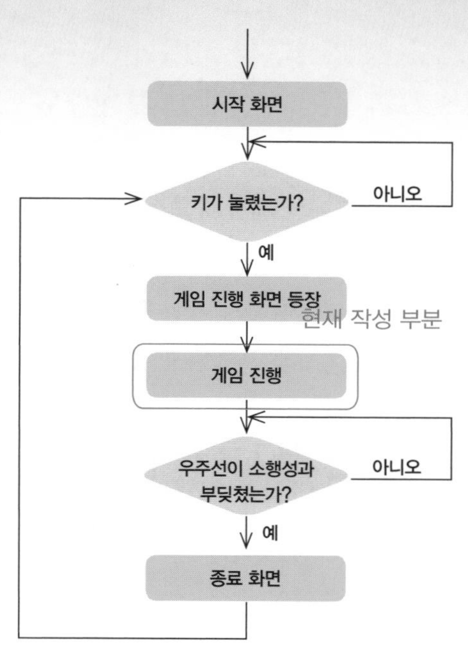

1 점수 계산하기

```
# 게임 전체 루프 시작
while True:
# 게임 초기 설정하기
    score = 0
        ⋮

    # 게임 진행 루프
    while True :
        showText('Score:' + str(score), titleFont, windowSurface, WINDOWWIDTH -
        200, 10)
        score += 1
```

본격적인 게임 진행을 위한 명령 설정의 첫 단계로, 점수를 계산하는 코드를 작성해 보자. 158쪽에 이어서 위와 같이 코드를 입력해 보자. 이때, 들여쓰기에 유의하여 작성하자.
점수는 이전에도 언급했듯이 0부터 시작해야 하므로 게임 진행 루트를 한 번 실행할 때마다 변수 score의 값을 1 증가시키도록 한다.

앞서 148쪽에서 게임 종료를 위한 코드를 작성해 보았다. 이 코드는 게임의 시작 화면에서도 게임 프로그램을 종료하는 명령을 내리지만, 게임을 진행하는 도중에도 게임 프로그램을 종료하는 명령을 내릴 수 있다. 따라서 게임 진행이 시작됨과 동시에 항상 종료 이벤트가 발생하는지 확인할 수 있어야 하므로 159쪽 코드에 이어서 다음의 코드를 작성해 보자.

```
# 게임 전체 루프 시작
while True:
    #게임 초기 설정하기
          ⋮

    # 게임 진행 루프
    while True :
        showText('Score:' + str(score), titleFont, windowSurface, WINDOWWIDTH -
        200, 10)
        score += 1
        for event in pygame.event.get():

        #종료 이벤트 처리
        if event.type == QUIT:
            terminate()
```

while True: 아래쪽이 게임을 진행하기 위한 코드가 삽입될 부분이다. 종료 이벤트 처리는 언제나 필요한 것이기 때문에 일단 while 문의 가장 아래 부분에 작성한다.

2 우주선 움직이기 - 마우스로 움직이기

플레이어 역할을 하는 우주선 캐릭터를 움직이기 위해 키보드나 마우스를 사용할 수 있다. 먼저 다 마우스가 움직이는 위치에 따라서 캐릭터가 함께 움직이도록 설정한 다음의 코드를 작성해 보자.

```
# 게임 진행 루프
while True :
    showText('Score:' + str(score), titleFont, windowSurface, WINDOWWIDTH -
    200, 10)
    score += 1
    for event in pygame.event.get():

        # 마우스 움직임 처리
        if event.type == MOUSEMOTION:
            playerRect.move_ip(event.pos[0] - playerRect.centerx,event.pos[1]
            - playerRect.centery)

        # 종료 이벤트 처리
        if event.type == QUIT:
            terminate()
```

좀 더 자세히 코드를 살펴보자.

- if문의 조건으로 MOUSEMOTION(마우스 움직임을 의미) 이벤트가 실행되었을 경우 아래 명령을 수행한다.
- 앞서 playerRec를 통해 우주선 위치 값을 저장하였다.
- playRec.move_ip()을 통해 캐릭터의 위치를 이동시킬 수 있다.
- MOUSEMOTION 이벤트는 마우스의 위치를 (x, y)로 나타낸다. 위와 같이 pos로 작성한다. 이를 활용하여 우주선 캐릭터를 마우스 위치로 이동시킬 수 있다.

move_ip()를 더 자세히 알아 볼까?

move_ip()는 rect 객체를 정해진 거리만큼 움직이게 하는 명령어이다. 다음과 같은 형식을 갖고 있다.

```
rect 객체 이름.move_ip(x, y)
```

현재 위치에서 x, y픽셀만큼 rect 객체를 이동시킨다. 특정 지점으로 이동시키는 명령이면 조금 편하겠지만 move_ip은 특정 픽셀만큼 이동시키는 역할을 한다. 따라서 어느 정도로 움직여야 하는지를 계산해야 한다. 앞서 MOUSEMOTION 이벤트는 마우스의 위치를 나타내는 pos 특성을 갖고 있다고 앞에서 설명했다. 마우스의 x좌표를 pos[0], y좌표를 pos[1]로 나타낸다. 그리고 rect는 객체의 위치 값을 (centerx, centery)로 갖고 있다. 따라서 우주선을 의미하는 playerRect 객체의 위치는 playerRect.centerx, playerRect.centery로 표현할 수 있다. 마우스의 위치와 캐릭터(우주선)의 위치를 그림으로 나타내면 다음과 같다.

캐릭터의 위치 값과 마우스의 위치 값을 알고 있기 때문에 다음과 같이 연산을 통해 캐릭터가 이동해야할 x, y 픽셀 값을 구할 수 있다.

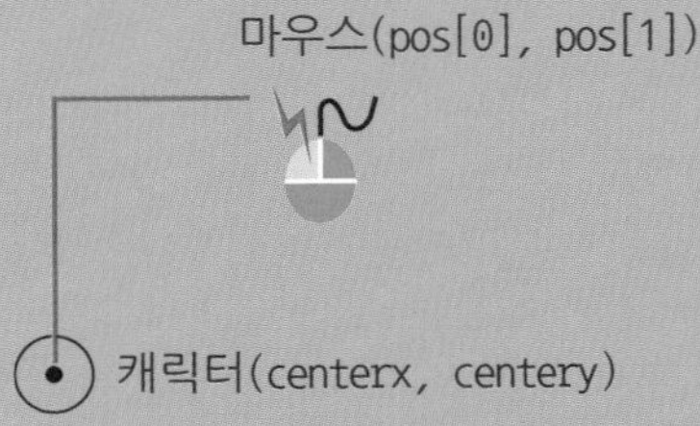


```
playerRect.move_ip(event.pos[0] - playerRect.centerx, event.pos[1] -
playerRect.centery)
```

161쪽의 코드에 이어서 while 문 안에 다음 코드를 추가해 보자. 이 코드는 화면을 갱신한다.

```
# 게임 진행 루프
while True :
    # 게임 진행 화면 그리기
    windowSurface.blit(playerImage, playerRect)
    showText('Score:' + str(score), titleFont, windowSurface, WINDOWWIDTH -
    200, 10)
    score += 1
    for event in pygame.event.get():
```

- 캐릭터의 위치 이동 후, blit()를 통해 이미지를 그린다.
- pygame.display.update()으로 화면을 업데이트 하여 우주선(player) 캐릭터가 나타난다.

이제 마우스를 움직이면 우주선 캐릭터가 함께 움직이는 것을 볼 수 있을 것이다. 프로그램을 실행하여 다음의 출력 화면이 나오는지 확인해 보자.

출력 화면을 보면 우주선 캐릭터의 잔상이 남아있는 것을 확인할 수 있다.
이와 같이 잔상이 남아있는 이유는 동영상의 원리에서 찾을 수 있다. 영화, TV 드라마, 애니메이션 등은 알고보면 여러 컷으로 나눈 정지 화면을 빠른 속도로 재생하여 마치 움직이는 것처럼 보이게 하여 우리의 눈을 속이는 것이다. pygame에서도 우주선의 움직임을 동영상을 찍었다고 생각하면 된다.

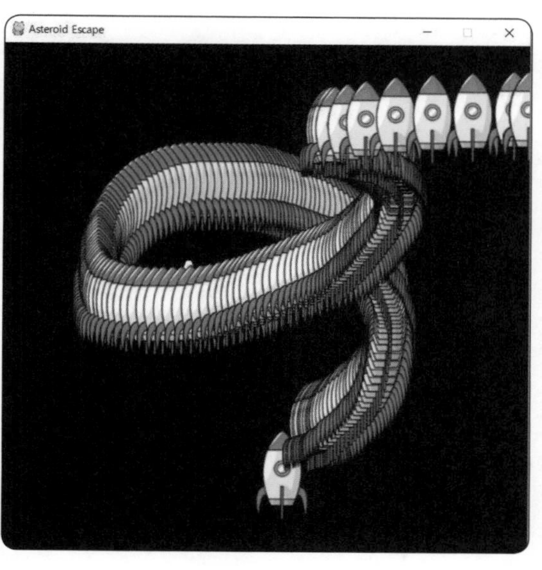

그런데 이전의 움직임이 그대로 남아 위와 같이 잔상이 보이게 된다. 우주선이 움직일 때마다 이미지가 남겨진 것이다. 잔상이 보이지 않고 우주선 한 개가 마우스를 따라 움직이는 것처럼 보이기 위해 새로운 우주선 그림을 그리기 전에 아무것도 없는 배경을 만들면 문제가 해결된다.
다음의 코드를 추가해 보자.

```
        # 게임 진행 화면 그리기
        windowSurface.fill(BLACK)
        windowSurface.blit(playerImage, playerRect)
```

Surface.fill()은 해당 Surface를 괄호 안에 지정한 색으로 채우는 명령이다. for 문을 실행하는 동안 가장 먼저 화면을 검정색으로 채우고 그 위에 캐릭터를 그린다.

이렇게 처리했을 때의 장점은 첫 화면에 나타난 글자 또한 함께 지울 수 있다는 점이다. 코드를 수정하고 실행해 보면 다음과 같이 별 문제없이 우주선이 마우스를 따라 움직이는 것을 확인할 수 있다.

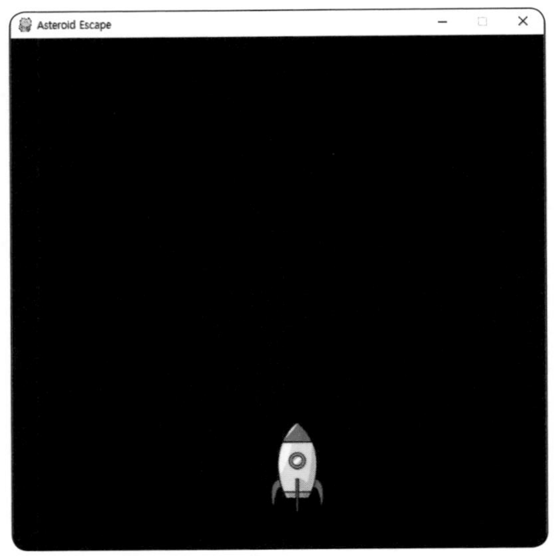

3 우주선 움직이기 – 키보드로 움직이기

이번에는 키보드를 사용하여 캐릭터를 이동시켜 보자. 키보드가 눌리는 이벤트가 발생하면 이동하도록 한다.
먼저 다음과 같은 변수를 몇 개 설정해 보자.

```
    #게임 초기 설정하기
    score = 0
```

```
asteroids = []
playerRect.topleft = (290, WINDOWHEIGHT - 150)
moveLeft = moveRight = moveUp = moveDown = False
```

moveLeft, moveRight, moveUp, moveDown 라는 이름의 변수를 만들어서 False로 초기화하였다. 그 다음, 이 변수들을 활용해서 각 변수가 True가 되면 정해진 방향으로 이동할 수 있도록 다음의 코드를 작성해 보자.

```
        # 마우스 움직임 처리
        if event.type == MOUSEMOTION:
            playerRect.move_ip(event.pos[0] - playerRect.centerx,event.pos[1]
            - playerRect.centery)

        # 키보드 눌렀을 때 처리
        if event.type == KEYDOWN:
            if event.key == K_LEFT:
                moveRight = False
                moveLeft = True
            if event.key == K_RIGHT:
                moveLeft = False
                moveRight = True
            if event.key == K_UP:
                moveDown = False
                moveUp = True
            if event.key == K_DOWN:
                moveUp = False
                moveDown = True
```

앞의 코드는 키보드의 키가 눌렸을 때 처리를 하기 위한 코드이다. if 조건문을 통해 키보드로 입력 받은 값을 True, False로 변경해주게 된다. 변수에 저장된 True, False 값을 가지고 캐릭터를 이동 시키게 된다.

다음 장에서 좀 더 자세히 코드를 살펴보자.

```
        if event.type == KEYDOWN:
            if event.key == K_LEFT:
                moveRight = False
                moveLeft = True
```

- if event.type==KEYDOWN은 KEYDOWN(키를 눌렀을 때)면 다음의 명령을 실행한다는 명령이다.
- 만약 K_LEFT(왼쪽 방향키)를 눌렀다면 moveRight를 False로 바꾸고 moveLeft 값을 True로 설정한다. 명령이 충돌되지 않게 반대 방향으로 움직이는 명령을 False로 바꾸어주는 것이 좋다.
- 위와 동일한 방식으로 K_RIGHT(오른쪽 방향키), K_UP(위쪽 방향키), K_DOWN(아래쪽 방향키)을 설정한다.

이제 위의 키 입력을 처리받아 캐릭터의 움직임을 제어해보자. 이때, 이전에 활용했던 move_ip()를 활용할 것이다. 다음의 코드를 입력해 보자.

```
        # 종료 이벤트 처리
        if event.type == QUIT:
            terminate()

    # 키보드 방향 제어
    if moveLeft == True:
        playerRect.move_ip(-1 * PLAYERSPEED, 0)
    if moveRight == True:
```

```
        playerRect.move_ip(PLAYERSPEED, 0)
    if moveUp == True:
        playerRect.move_ip(0, -1 * PLAYERSPEED)
    if moveDown == True:
        playerRect.move_ip(0, PLAYERSPEED)
```

좀 더 자세히 코드를 살펴보자.

```
    if moveLeft == True:
        playerRect.move_ip(-1 * PLAYERSPEED, 0)
```

- 캐릭터의 움직임 속도를 조절하고 싶으면 상수 PLAYERSPEED에 변화를 주어 조절한다.
- 왼쪽으로 이동하는 동작을 해야 하므로 x 좌표값에 변화를 주어야 한다. 좌표상 왼쪽으로 움직이려면 x 좌표값을 작게 만들어주어야 한다. 즉, x좌표값을 '−1 X PLAYERSPEED'로 지정한다.
- 오른쪽으로 움직이려면 x 좌표값을 'PLAYERSPEED' 변화 값만큼 변화시킨다.
- 위, 아래로 이동하는 동작은 y 좌표값에 변화를 준다. 위쪽으로 이동하는 동작은 좌표값이 작아지므로 playerRect.move_ip(0, −1 * PLAYERSPEED)가 되고 아래쪽으로 이동하는 동작은 playerRect.move_ip(0, PLAYERSPEED)가 된다.

지금까지 우주선 캐릭터의 움직임을 제어하는 코드를 완성했다. 코드를 저장한 후, 캐릭터가 제대로 움직이는지 실행해 보자.

프로그램을 실행하면 우리의 예상과는 다르게 다음과 같은 문제가 발생한다.

- 캐릭터가 대각선으로 이동한다.
- 캐릭터가 화면 밖으로 벗어난다.
- 이동 속도가 너무 빠르다.

왜 이 같은 결과가 출력되었을까? 다음 장에서 프로그램에서 발생한 문제를 하나씩 해결해 보자.

❶ 문제 해결 1 : 캐릭터가 대각선으로 이동한다

캐릭터의 이동 방향을 두 방향으로 입력 받았기 때문에 이와 같이 문제가 생긴 것이다. 예를 들어, 왼쪽 방향키를 누르고 나서(moveLeft == True) 위쪽 방향키를 누르면(moveUp == True) 기존의 moveLeft == True 값이 그대로 저장되어 있어 생겨난 문제이다. 이 문제를 해결하기 위해서 KEYUP(키를 눌렀다 뗐을 때) 이벤트를 활용해 다음의 코드를 입력해 보자.

```
# 키보드 눌렀을 때 처리
if event.type == KEYDOWN:
          ⋮
# 키보드 뗐을 때 처리
if event.type == KEYUP:
    if event.key == K_LEFT:
        moveLeft = False
    if event.key == K_RIGHT:
        moveRight = False
    if event.key == K_UP:
        moveUp = False
    if event.key == K_DOWN:
        moveDown = False
```

- 키보드 눌렀을 때 처리와 다르게 이벤트가 KEYUP으로 바뀌었고 False로 값을 저장한다.
- KEYUP 이벤트는 키를 눌렀다 뗐을 때 발생하는 이벤트이다.
- 만약 K_LEFT(왼쪽 방향키)를 눌렀다 떼었다면 해당 방향의 이동을 제한한다.

❷ 문제 해결 2 : 캐릭터가 화면 밖으로 벗어난다

캐릭터가 화면 밖으로 벗어나지 않게 하려면 캐릭터가 벽에 닿았을 때 더 이상 이동하지 못하도록 만들면 된다. 다른 방법으로는 범위를 설정하여 설정한 범위 안에서만 이동하도록 만든다.

여기서는 두 번째 방법으로 코드를 수정해 보자. 캐릭터가 움직일 수 있는 조건으로 하나 더 추가하여 수정하였다.

```
# 키보드 방향 제어
if moveLeft == True and playerRect.left > 0:
    playerRect.move_ip(-1 * PLAYERSPEED, 0)
if moveRight == True and playerRect.right < WINDOWWIDTH:
    playerRect.move_ip(PLAYERSPEED, 0)
if moveUp == True and playerRect.top > 0:
    playerRect.move_ip(0, -1 * PLAYERSPEED)
if moveDown == True and playerRect.bottom < WINDOWHEIGHT:
    playerRect.move_ip(0, PLAYERSPEED)
```

좀 더 자세히 코드를 살펴보자.

- and 연산을 활용하여 'playerRect.left 〉 0' 조건을 추가한다.
- playerRect.left은 캐릭터의 가장 왼쪽 부분의 x 좌표를 의미한다. 이 좌표가 0보다 클 때만(화면 안에 있을 때만) 왼쪽으로 이동할 수 있도록 제어하는 역할을 한다.
- 'if moveRight == True and playerRect.right 〈 WINDOWWIDTH:'는 playerRect.right값이 WINDOWWIDTH보다 작을 때 이동한다는 조건이다. 즉 화면의 가로 길이 픽셀보다 작을 때만 오른쪽으로 이동할 수 있도록 제어하는 것이다.
- 아래 코드도 playerRect.top, playerRect.bottom을 사용하여 화면 안에서만 동작하도록 하였다.

③ 문제 해결 3 : 이동 속도가 너무 빠르다

우주선의 이동 속도를 제어하기 위해 단순하게 상수 PLAYERSPEED 값을 조정하는 방법도 있지만 우리는 다음과 같이 코드를 추가하여 속도를 조절해 보자.

```
# 게임 진행 루프
while True :
    # 화면 진행 화면 그리기
            ⋮
    mainClock.tick(40)
    for event in pygame.event.get():
```

- 게임 프로그램은 컴퓨터의 실행 속도만큼 명령을 실행하게 된다. 따라서 반복문이 굉장히 빠르게 실행되므로 이동 속도도 빨라진다. mainClock.tick(40)을 통해 괄호 안에 설정한 시간만큼의 간격을 두고 반복문이 실행될 수 있도록 설정하였다.
- tick()은 일정한 시간 간격을 지정하는 명령이다. 괄호 안의 숫자 값은 밀리초(millisecond) 단위이다. 값이 커지게 되면 명령을 실행하는 반복문들 사이의 시간 간격이 커지기 때문에 프로그램이 조금 느리게 실행되는 것처럼 느껴진다.

문제들을 모두 해결하였다면 다시 프로그램을 실행해 보자.

소행성 생성하기

우주선은 사용자가 마우스나 키보드로 움직일 수 있게 만들었지만, 우주선이 피해야 할 장애물인 소행성은 프로그램에서 자동으로 동작하게 만들어 줘야 한다. 또한 소행성을 생성하고 삭제하는 작업도 자동으로 진행되도록 코드를 작성해 보자.

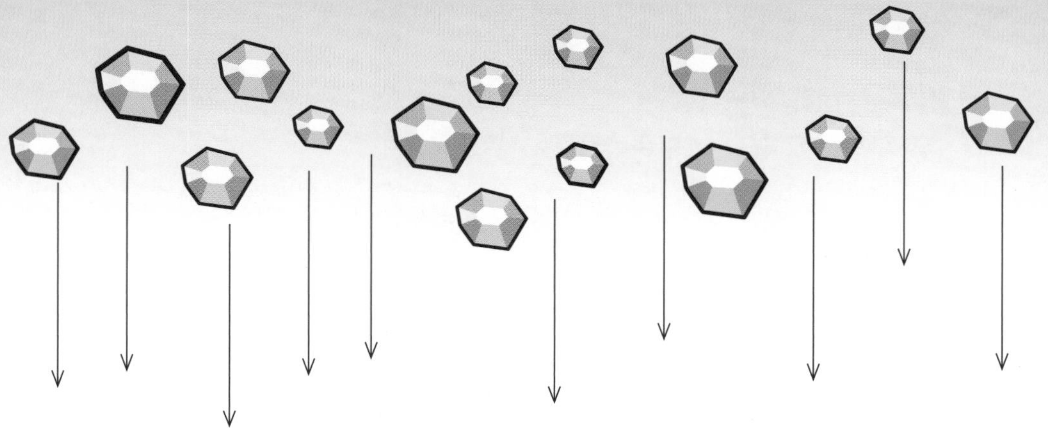

이 게임에서는 위의 그림처럼 다양한 크기와 속도를 가진 여러 개의 소행성을 생성할 것이다. 앞서 우리는 상수 NEWASRATE로 소행성들을 등장하는 주기를 설정했다. 추가적으로 우리는 새로운 변수를 이용하여 일정한 주기마다 새로운 소행성을 생성하도록 하자.

새로운 변수를 만들기 위해 다음의 코드를 입력해 보자.

```
# 게임 전체 루프 시작
while True:
    # 게임 초기 설정하기
    score = 0
    asteroids = []
    playerRect.topleft = (290, WINDOWHEIGHT - 150)
    moveLeft = moveRight = moveUp = moveDown = False
    asteroidAddCounter = 0
```

게임 초기 설정에 asteroidAddCounter이라는 변수를 만들었다. 이 변수는 코드에서 두 번째로 등장하는 while True:가 반복될 때 1씩 증가한다. 이 값이 NEWASRATE와 같아지면 소행성을 하나 생성된다.

우주선 캐릭터의 움직임을 나타내는 '# 키보드 방향 제어' 코드 아래에 다음의 코드를 입력해 보자.

```
# 키보드 방향 제어
if moveLeft == True and playerRect.left > 0:
                :
# 새 소행성 추가하기
asteroidAddCounter += 1
if asteroidAddCounter == NEWASRATE:
    asteroidAddCounter = 0
    asteroidSize = random.randint(ASMINSIZE, ASMAXSIZE)
    newAsteroid = {'rect': pygame.Rect(random.randint(0, WINDOWWIDTH-
    asteroidSize), 0 - asteroidSize, asteroidSize, asteroidSize),
    'speed': random.randint(ASMINSPEED, ASMAXSPEED),'surface':pygame.
    transform.scale(asteroidImage, (asteroidSize, asteroidSize))}

    asteroids.append(newAsteroid)
```

```
if asteroidAddCounter == NEWASRATE:
    asteroidAddCounter = 0
```

- asteroidAddCounter의 값이 NEWASRATE 값과 같아지면 if문 아래의 명령들을 실행한다.
- asteroidAddCounter의 값을 0으로 다시 초기화한다. 그래야 반복문을 실행할 때 0에서 10 사이의 값이 asteroidAddCounter에 저장되어 소행성을 생성할 수 있다.

```
asteroidSize = random.randint(ASMINSIZE, ASMAXSIZE)
```

- asteroidSize는 소행성의 크기를 나타낼 값을 저장한다.
- 소행성의 크기를 임의로 정하기 위해서 randint()를 사용한다.

```
newAsteroid = {'rect': pygame.Rect(random.randint(0, WINDOWWIDTH-
asteroidSize), 0 - asteroidSize, asteroidSize, asteroidSize),
'speed': random.randint(ASMINSPEED, ASMAXSPEED),'surface':pygame.
transform.scale(asteroidImage, (asteroidSize, asteroidSize))}
```

- 위의 코드로는 새로운 소행성을 생성한다.
- newAsteroid는 공간을 확보하는 'rect', 속도 값을 의미하는 'speed', 어느 Surface에 그릴 것인지를 지정하는 'surface' 속성을 가지게 된다.
- rect 속성은 앞서 살펴보았듯이 Rect(왼쪽 좌표, 위쪽 좌표, 너비, 높이)의 값으로 이루어지는데 asteroidSize 값을 이용하여 각 좌표와 너비, 높이를 생성한다.
- speed 속성은 앞에서 설정한 ASMINSPEED, ASMAXSPEED를 사용하여 임의의 값을 생성한다.
- surface 속성은 pygame.transform.scale을 이용해서 'asteroidImage'라는 Surface를 생성하고 그 위에 각각 asteroidSize 크기로 해당 Surface의 해상도를 변경한다.

```
asteroids.append(newAsteroid)
```

- 새로운 소행성을 생성하면 미리 만들어두었던 asteroids 리스트에 append를 통해 저장한다. asteroids 리스트에 포함된 각각의 소행성이 이동시키고, 화면에 등장하고, 우주선 캐릭터와 충돌하는 이벤트를 처리할 수 있게 될 것이다.

지금까지 다양한 크기와 서로 다른 속도를 가진 소행성을 생성할 수 있도록 설정하였다. 다음 장에서 이 소행성들을 이동하고 등장시켜 보자.

172쪽의 코드에 이어 다음 코드를 입력해 보자. 입력 후, 자세히 코드를 살펴보자.

```
# 새 소행성 추가하기
          ⋮
#소행성 이동하기
for a in asteroids:
    a['rect'].move_ip(0, a['speed'])

# 소행성 등장하기
for a in asteroids:
    windowSurface.blit(a['surface'], a['rect'])
```

- asteroids 리스트에 포함된 모든 소행성들을 move_ip()를 활용하여 'speed' 값만큼 y 좌표를 변경하게 만들었다. 반복적으로 speed 값만큼 아래쪽으로 이동하게 될 것이다.
- asteroids 리스트에 포함된 모든 객체에 대해 blit() 명령으로 화면에 그리도록 만들었다.
- 플레이어 캐릭터는 1개만 등장하므로 blit 명령 또한 하나만 작성하면 되지만, 소행성은 여러 개가 등장하므로 for 문으로 지정된 surface와 제한된 rect 값에 따라 등장시킨다. 즉, blit()의 인자로 각 소행성의 'surface' 속성과 'rect' 속성을 전달하였다.

위의 코드를 추가한 후, 프로그램을 실행시키면 우주선 캐릭터와 소행성 캐릭터가 움직이게 될 것이다. 이제 두 객체가 충돌했을 때 발생하는 이벤트 처리를 하는 코드를 만들어 보자.

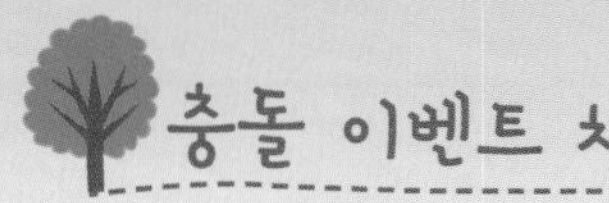

충돌 이벤트 처리

이 게임에서는 우주선이 소행성에 부딪히면 게임이 종료되도록 만들어 보자. 먼저, 충돌을 감지하는 함수를 하나 만들어서 코드 작성시 활용해 보자. 앞서 함수를 정의했던 부분에 다음의 코드를 추가해 보자.

```
# 사용할 함수 정의하기
def showText(text, font, surface, x, y):
      ⋮
def pressKeyToStart():

    while True:
        for event in pygame.event.get():
            if event.type == QUIT:
                terminate()
            if event.type == KEYDOWN:
                return

# 충돌 이벤트 처리 함수 정의
def crashEvent(playerRect, asteroids):
    for a in asteroids:
        if playerRect.colliderect(a['rect']):
            return True
    return False
```

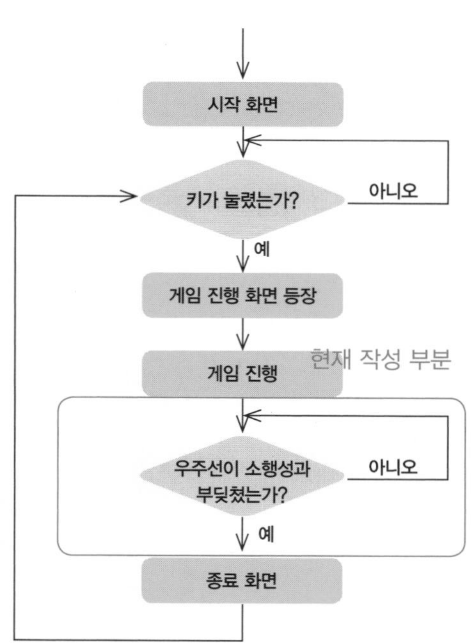

```
def crashEvent(playerRect, asteroids):
    for a in asteroids:
        if playerRect.colliderect(a['rect']):
            return True
    return False
```

- 'crashEvent'라는 함수를 정의하여 괄호 안에 playerRect, asteroids라는 두 개의 인자를 받는다.
- 이 함수는 asteroids 리스트에 포함된 소행성을 검사한다.
- asteroids 리스트에 포함된 소행성에 대해 playerRect 공간과 a의 'rect' 공간이 충돌하면(colliderect) True를 반환하고 충돌하지 않으면 False를 반환한다.
- 이 함수가 True를 반환했을 때 충돌에 대한 처리를 해주면 된다.

'# 소행성 등장하기' 코드 아래에 다음의 코드를 입력해 보자.

```
        # 소행성 등장하기
        for a in asteroids:
            windowSurface.blit(a['surface'], a['rect'])

        # 충돌 확인하기
        if crashEvent(playerRect, asteroids):
            break
```

만약 crashEvent가 참이 되면 break 문으로 게임 진행 루프에서 빠져나가게 된다.
하지만 현재까지 작성한 코드로는 게임이 완전히 종료되지 않고 다시 게임 루프가 돌아가는 것을 확인할 수 있다.

게임 종료 프로그래밍

이제 게임 프로그래밍의 마지막 단계 코드를 작성해 보자. 먼저, 게임이 종료되었다는 것과 다시 게임을 시작할 수 있다는 것을 안내하는 코드를 작성해 보자.

```
        # 충돌 확인하기
        if crashEvent(playerRect, asteroids):
            break
        pygame.display.update()

    # 게임 종료 화면 그리기
    showText('GAME OVER', titleFont, windowSurface, (WINDOWWIDTH/3),
    (WINDOWHEIGHT/3))
    showText('Press a key to play again.', textFont, windowSurface,
    (WINDOWWIDTH/3), (WINDOWHEIGHT/3) + 50)
    pygame.display.update()
    pressKeyToStart()
```

- showText 함수를 이용하여 'GAME OVER'와 'Press a key to play again' 글자가 화면에 나타나도록 하였다.
- display.update()를 통해 화면을 업데이트해야 글자가 화면에 나타난다.
- 다시 게임을 진행하기 위해 pressKeyToStart() 함수로 키보드 입력을 기다린다. 여기서 키를 누르면 첫 번째 while 문이 다시 실행된다. 즉, 게임이 다시 시작된다.

이 게임을 실행하기 위한 최종적인 코드는 다음과 같다. 그 동안 우리가 작성한 코드들과 비교해 보자.

```
# 모듈 가져오기
import pygame, random, sys
from pygame.locals import *

# pygame 시작하기
pygame.init()
mainClock = pygame.time.Clock()

# 상수 정의하기
WHITE = (255, 255, 255)
BLACK = (0, 0, 0)

WINDOWWIDTH = 600
WINDOWHEIGHT = 600

PLAYERSPEED = 5
ASMINSIZE = 10
ASMAXSIZE = 50
ASMINSPEED = 1
ASMAXSPEED = 10
NEWASRATE = 10

# 창 생성하기
windowSurface = pygame.display.set_mode((WINDOWWIDTH, WINDOWHEIGHT), 0, 32)
pygame.display.set_caption('Asteroid Escape')

# 글자 모양 정하기
titleFont = pygame.font.SysFont(None, 48)
textFont = pygame.font.SysFont('Gulim', 24)
```

```
# 사용할 함수 정의하기
def showText(text, font, surface, x, y):
    textobj = font.render(text, 1, WHITE, BLACK)
    textrect = textobj.get_rect()
    textrect.topleft = (x, y)
    surface.blit(textobj, textrect)

def terminate():
   pygame.quit()
   sys.exit()

def pressKeyToStart():
    while True:
        for event in pygame.event.get():
            if event.type == QUIT:
                terminate()
            if event.type == KEYDOWN:
                return

def crashEvent(playerRect, asteroids):
    for a in asteroids:
        if playerRect.colliderect(a['rect']):
            return True
    return False
# 캐릭터 불러오기
playerImage = pygame.image.load('player.png')
playerRect = playerImage.get_rect()
asteroidImage = pygame.image.load('asteroid.png')
```

```
# 게임 시작 화면 그리기
showText('Asteroid Escape', titleFont, windowSurface, 200, 250)
showText('Press a key to start', textFont, windowSurface, 200, 300)
pygame.display.update()
pressKeyToStart()

# 게임 전체 루프 시작
while True:
    #게임 초기 설정하기
    score = 0
    asteroids = []
    asteroidAddCounter = 0
    playerRect.topleft = (290, WINDOWHEIGHT - 150)
    moveLeft = moveRight = moveUp = moveDown = False
    asteroidAddCounter = 0

    # 게임 진행 루프
    while True :
        # 게임 진행 화면 그리기
        windowSurface.fill(BLACK)
        windowSurface.blit(playerImage, playerRect)


        showText('Score:' + str(score), titleFont, windowSurface, WINDOWWIDTH -
200, 10)
        score += 1
        mainClock.tick(40)

        for event in pygame.event.get():
```

```
        # 마우스 움직임 처리
        if event.type == MOUSEMOTION:
          playerRect.move_ip(event.pos[0] - playerRect.centerx, event.pos[1]
- playerRect.centery)

        # 키보드 눌렀을 때 처리
        if event.type == KEYDOWN:
            if event.key == K_LEFT:
                moveRight = False
                moveLeft = True
            if event.key == K_RIGHT:
                moveLeft = False
                moveRight = True
            if event.key == K_UP:
                moveDown = False
                moveUp = True
            if event.key == K_DOWN:
                moveUp = False
                moveDown = True
        # 키보드 뗐을 때 처리
        if event.type == KEYUP:
            if event.key == K_LEFT:
                moveLeft = False
            if event.key == K_RIGHT:
                moveRight = False
            if event.key == K_UP:
                moveUp = False
            if event.key == K_DOWN:
                moveDown = False
```

```
        # 종료 이벤트 처리
        if event.type == QUIT:
            terminate()

    # 키보드 방향 제어
    if moveLeft == True and playerRect.left > 0:
        playerRect.move_ip(-1 * PLAYERSPEED, 0)
    if moveRight == True and playerRect.right < WINDOWWIDTH:
        playerRect.move_ip(PLAYERSPEED, 0)
    if moveUp == True and playerRect.top > 0:
        playerRect.move_ip(0, -1 * PLAYERSPEED)
    if moveDown == True and playerRect.bottom < WINDOWHEIGHT:
        playerRect.move_ip(0, PLAYERSPEED)

    # 새 소행성 추가하기
    asteroidAddCounter += 1
    if asteroidAddCounter == NEWASRATE:
        asteroidAddCounter = 0
        asteroidSize = random.randint(ASMINSIZE, ASMAXSIZE)
        newAsteroid = {'rect': pygame.Rect(random.randint(0, WINDOWWIDTH-
asteroidSize), 0 - asteroidSize, asteroidSize, asteroidSize),
            'speed': random.randint(ASMINSPEED, ASMAXSPEED),
            'surface':pygame.transform.scale(asteroidImage, (asteroidSize,
asteroidSize))}

        asteroids.append(newAsteroid)

    #소행성 이동하기
    for a in asteroids:
```

```
            a['rect'].move_ip(0, a['speed'])

        # 소행성 등장하기
        for a in asteroids:
            windowSurface.blit(a['surface'], a['rect'])

        # 충돌 확인하기
        if crashEvent(playerRect, asteroids):
            break

        pygame.display.update()

# 게임 종료 화면 그리기
    showText('GAME OVER', titleFont, windowSurface, (WINDOWWIDTH/3),
(WINDOWHEIGHT/3))
    showText('Press a key to play again.', textFont, windowSurface,
(WINDOWWIDTH/3), (WINDOWHEIGHT/3) + 50)
    pygame.display.update()
    pressKeyToStart()
```

Chapter 6

파이썬과 GUI 프로그래밍

지금까지 우리는 파이썬 내부에서 명령어를 입력하고 출력 결과를 확인하는 프로그램을 제작했다. 하지만 우리가 일반적으로 사용하는 프로그램은 대부분 그래픽 기반의 인터페이스를 가지고 있다. 이제 프로그램의 형태를 갖추기 위해 파이썬에서 다양한 라이브러리를 사용하여 그래픽 기반의 프로그램을 제작하여 보자.

CUI와 GUI

우리가 일반적으로 사용하는 소프트웨어나 애플리케이션은 대부분 그래픽 기반의 사용 환경을 갖추고 있다. 하지만 이렇게 그래픽 사용자 인터페이스(Graphical User Interface, GUI)를 갖추게 된 것은 그리 오래된 일은 아니다. 1980년대 애플사의 매킨토시가 GUI를 적용한 운영체제를 갖추고 출시된 이후로 마이크로소프트사의 윈도 운영체제가 대중화되며 본격적인 GUI 소프트웨어가 출시되기 시작했다. 이전에 사용하던 글자로만 소통하는 프로그램은 GUI와 대비해서 명령어 인터페이스(Command User Interface, CUI 혹은 Command Line Interface, CLI) 프로그램으로 불린다.

CUI

GUI

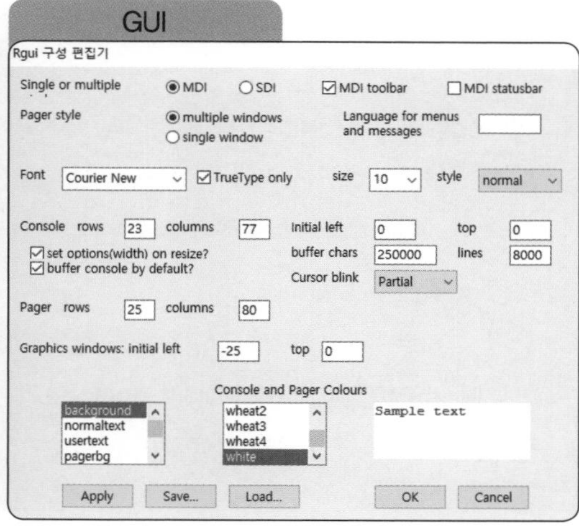

GUI 소프트웨어가 많이 사용되고 있지만 아직까지 명령어 인터페이스도 사용되고 있다. 특히 프로그래밍이나 시스템 관리 등의 경우에는 명령어 인터페이스를 선호하고 있다.

CUI에 비해 GUI 프로그램은 명령어 작성뿐만 아니라 사용자 화면 설계라는 추가적인 작업이 필요하다. 프로그램의 논리적인 동작을 외부의 시각적인 인터페이스가 적절하게 조작할 수 있어야 프로그램의 완성도가 높아지게 된다. 또한 프로그램을 매력적으로 보이도록 심미적인 요소도 고려해야 한다.

GUI 개발 환경

여러 프로그래밍 언어에서는 GUI 프로그램을 개발할 수 있는 환경을 제공한다. 파이썬에서도 다양한 라이브러리를 활용하여 그래픽 사용자 인터페이스를 제작할 수 있다.
파이썬에서 사용할 수 있는 그래픽 인터페이스 라이브러리는 다음과 같다.

Tkinter

Tk GUI toolkit에 기반한 라이브러리이다. 파이썬을 설치하면 기본적으로 사용할 수 있는 그래픽 인터페이스이다. 다른 라이브러리에 비해 외형이 조금 투박한 편이지만 운영체제의 종류에 관계없이 결과물이 거의 동일하다는 장점이 있다.

wxPython

WxWidgets에 기반한 라이브러리이다. 파이썬을 활용한 GUI 프로그램을 만드는데 가장 많이 사용되고 있는 라이브러리이다.

PyQt

Qt 기반의 라이브러리이다. WxWidgets 보다는 안정적이라고 알려져 있지만 상용 프로젝트에 사용될 경우 라이센스 비용을 지불해야 한다.

Kivy

모바일 GUI를 지원하는 라이브러리이다. 일반적인 PC뿐만 아니라 안드로이드나 iOS에서도 동작하는 파이썬 GUI 프로그램을 만들 수 있다.

우리는 이 그래픽 인터페이스 라이브러리 중에서 'Tkinter'를 사용할 것이다. Tkinter는 파이썬을 설치하면 함께 설치되는 라이브러리로 가장 기본적인 GUI 구성을 학습할 수 있는 라이브러리이다.

인터랙티브 프로그램 제작

GUI 프로그램을 제작할 때는 다음과 같은 두 가지 내용을 생각해야 된다.

1. 먼저 전체적인 화면 구성을 어떻게 할 것인지에 대한 설계가 필요하다.

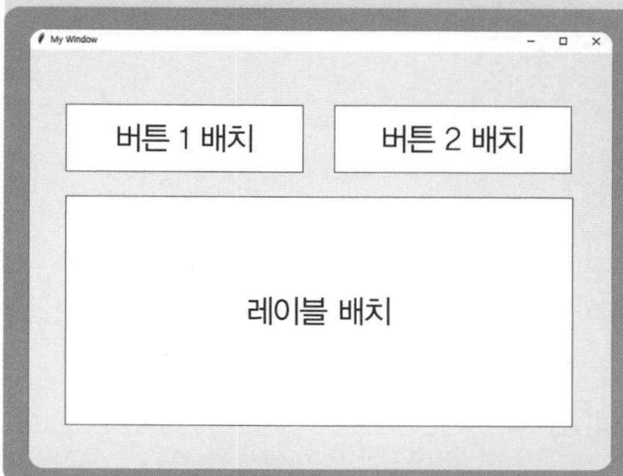

2. 설계한 화면의 구성 요소가 어떤 동작을 하도록 할 것인가에 대한 설계가 필요하다.

버튼 1: 클릭하면 확인
버튼 2: 클릭하면 취소
레이블 배치: 사용자에게 "Python is Powerful!" 이라는 문장을 보여주도록 함

다음과 같은 프로그램을 제작하여 화면 구성과 이벤트 연결에 대한 개념을 잡아 보자.

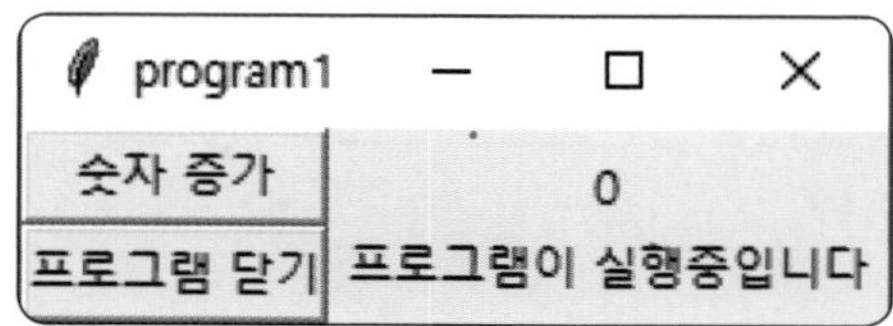

- '숫자 증가' 버튼을 누르면 숫자가 1씩 증가한다.
- '프로그램 닫기' 버튼을 누르면 프로그램이 종료된다.

아주 간단한 형태의 프로그램이지만 화면의 배치와 이벤트 처리에 대한 기본적인 개념을 익힐 수 있다.

창 생성하기

앞서 Pygame을 불러올 때와 마찬가지로 다음과 같이 Tkinter 라이브러리를 불러와 창을 생성해 보자. Tkinter 모듈은 파이선을 설치할 때 포함되어 있으므로 Pygame과는 다르게 별도의 설치가 필요하지 않다. 다음의 코드를 입력해 보자.

```
from tkinter import *
root = Tk()
root.mainloop()
```

위의 코드가 Tkinter 모듈을 사용하여 창을 생성하기 위한 가장 기본적인 코드이다. 좀 더 자세히 코드를 살펴보자.

```
from tkinter import *
```

tkinter 모듈에 들어있는 모든 함수를 *(와일드카드)를 통해 가져오고 있다.

```
root = Tk()
```

- Tk() 함수는 창(window)을 생성하는 생성자이다.
- 창은 GUI 요소들 중에서 가장 상위에 위치한다.
- 창에도 이름이 있어야 하므로 여기서는 'root'라는 이름을 주었다.
- 창을 생성하고 이름을 부여했기 때문에 앞으로 창을 제어할 때는 root를 불러서 제어하면 된다.

```
root.mainloop()
```

창에서 계속해서 이벤트(특정한 사건)가 발생하는지를 감시하는 '이벤트 핸들러'를 동작시키는 명령이다. 창을 동작시키는 가장 기본적인 명령을 사용하여 프로그램을 동작시키면 다음과 같은 창이 하나 생겨나게 된다.

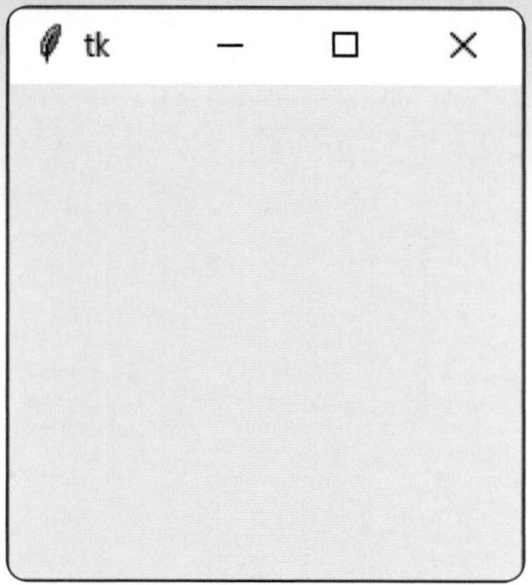

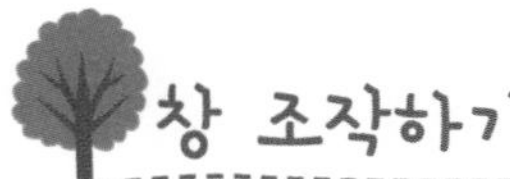

창 조작하기

Tk() 생성자를 통해 생겨난 창은 GUI의 가장 기본이 되는 창이며 이 창 위에 다양한 위젯(widget – 레이블, 버튼, 라디오 버튼, 체크 버튼 등)을 얹고 각 위젯마다 어떤 동작을 하도록 할 것인지 지정하여 프로그램을 동작시키게 된다.

1 창 이름 바꾸기

앞서 작성한 코드에 다음의 코드를 하나 더 추가해 보자.

```
from tkinter import *
root = Tk()
root.title('MyWindow')
root.mainloop()
```

- title() 함수는 창에 이름을 부여하는 함수로 root.title()은 root라는 이름을 가진 객체의 title을 설정할 때 사용할 수 있다.

- 여기서는 root라는 이름을 가진 창의 title을 'MyWindow'라고 설정하였다.

다음과 같이 창의 제목이 변경된 것을 확인해 보자.

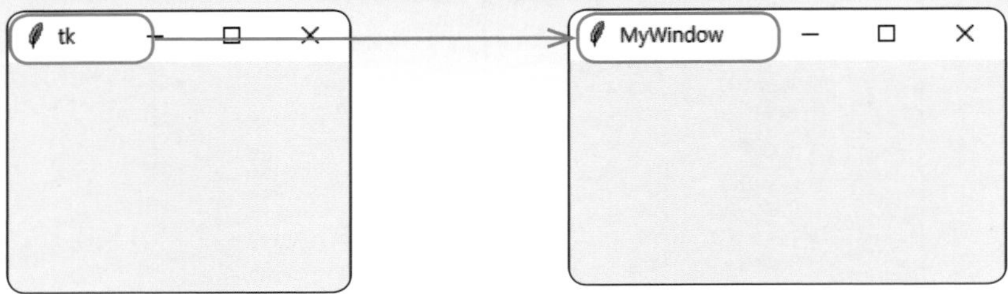

2 창의 크기 변경하기

창의 크기를 변경하기 위해서는 다음과 같이 코드를 추가해 보자.

```
from tkinter import *
root = Tk()
root.title('MyWindow')
root['height']=600
root['width']=800
root.mainloop()
```

3 프레임 생성하기

우리는 창을 생성했지만 창은 그 자체로 하나의 큰 공간이다. 이 공간에 우리가 필요한 위젯을 배치하기 위해서는 공간을 적절히 나누어야 한다. 공간의 적절한 배치를 위해 필요한 위젯이 프레임이다. 2의 코드에 이어서 다음의 코드를 추가해 보자.

```
from tkinter import *
root = Tk()
root.title('MyWindow')
root['height']=600
root['width']=800
frame1=Frame(root)
root.mainloop()
```

프레임을 생성하는 생성자는 Frame()이다. 생성자는 특정 위젯을 만드는 역할을 하는 명령으로 각 위젯마다 생성자가 다르기 때문에 특정 위젯을 만들 때 사용하는 생성자의 명칭을 정확하게 알고 사용해야 한다. 생성자의 활용 방법은 다음과 같다.

```
frame1 = Frame(root)
〈부를 이름〉 = 〈생성자〉(부모 이름)
```

위의 코드는 root라는 이름의 부모 안에 frame1이라는 이름의 프레임을 하나 생성하는 코드이다. 생성자를 사용하는 방식은 위와 같은 규칙을 대부분 따르게 된다. 부모의 이름을 정확하게 지정해야 정확한 위치에 위젯이 위치하게 된다.

4 위젯 패킹하기

위의 코드 중 'root.mainloop()' 바로 위에 다음의 코드를 입력해 보자.

```
frame1.pack()
```

- 창에 위젯을 나타내는 작업을 패킹(packing)이라 한다.
- 패킹은 pack()이라는 메소드를 사용하여 이전에 사용했던 속성을 모두 통합해서 나타내는 최종적인 과정이다.
- 각 위젯은 패킹한 순서대로 창에 나타나게 되므로 패킹의 순서 또한 정확하게 지정해야 한다.

현재 코드에서는 프레임에 특별한 설정을 하지 않았고 프레임 내부에 아무 위젯도 없기 때문에 프레임은 생성되었지만 특정한 크기가 없다. 따라서 다음과 같은 창이 생성된다.

창의 크기

우리는 맨 처음에 창의 크기를 800*600으로 지정하였다. 하지만 창의 안쪽에 프레임을 넣고 나니 창의 크기는 의미가 없어졌다. 이는 Tk의 특징으로 부모 위젯의 특성은 자식 위젯의 크기에 영향을 받게 된다. 위의 코드에서는 프레임을 생성하기는 했지만 프레임의 크기가 지정되지 않았다. 따라서 부모 위젯인 창의 크기는 무시되고 프레임의 크기에 맞게 창이 조정된 것을 확인할 수 있다.

5 프레임 배치하기

실제로 프레임이 생성되었는지 확인하기 위해 프레임을 조금 변형시켜 보자. 앞서 작성한 코드를 다음과 같이 수정해 보자.

```
from tkinter import *
root = Tk()
root.title('MyWindow')
root["height"]=600
root["width"]=800
frame1=Frame(root)
```

```
frame2=Frame(frame1)
frame2['background']='red'
frame2['height']=600
frame2['width']=400

frame1.pack()
frame2.pack()
root.mainloop()
```

- 이 코드는 frame1 안에 frame2를 생성하고 frame2의 배경색, 세로 길이, 가로 길이를 조정하여 보이게 만들었다.
- 최종적으로 모든 부모 위젯(root, frame1)이 frame2의 크기에 맞춰진 것을 확인할 수 있다.
- frame1에는 아무런 설정을 하지 않아 육안으로 보이지는 않지만 frame1의 세로 길이와 가로 길이도 frame2 창의 크기에 맞게 자동으로 조정된 것을 확인할 수 있다.

이렇게 Tkinter에서는 내부에 있는 위젯의 크기에 따라 창의 크기가 변경된다.

6 여러 개의 위젯 배치하기

이번에는 frame1 안에 크기가 다른 또 다른 프레임을 생성해 보자.

```
from tkinter import *
root = Tk()
root.title('MyWindow')
root["height"]=600
root["width"]=800
frame1=Frame(root)
frame2=Frame(frame1)
```

```
frame2['background']='red'
frame2['height']=600
frame2['width']=400
frame3=Frame(frame1)
frame3['background']='green'
frame3['height']=300
frame3['width']=400

frame1.pack()
frame2.pack()
frame3.pack()
root.mainloop()
```

위의 코드를 실행하면 오른쪽 그림과 같이 나타난다. 이렇게 나타나는 이유는 무엇일까? 원래 위젯은 한 줄에 하나씩 배치되게 되어 있다. 따라서 frame1 안에 들어 있는 frame2와 frame3은 줄 바꿈을 해서 표시되게 된다.

7 위젯을 가로로 배치하기

만약 두 위젯을 가로로 나란히 표시하고 싶다면 frame을 패킹할 때 아래와 같이 옵션을 추가해 보자.

```
frame1.pack()
frame2.pack(side=LEFT)
frame3.pack(side=LEFT)
root.mainloop()
```

이렇게 패킹하게 되면 프레임이 아래 그림과 같이 나타난다.

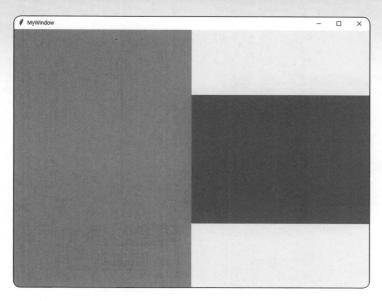

패킹 옵션

위젯을 패킹할 때 다양한 옵션을 설정하여 화면을 구성할 수 있다. side 옵션은 같은 수준에 있는 객체 사이의 정렬을 위해 사용하는 옵션으로 객체가 놓인 상대적인 위치에 따라 옵션을 조절하여 사용할 수 있다.

- TOP : 위쪽 정렬
- BOTTOM : 아래쪽 정렬
- LEFT : 왼쪽 정렬
- RIGHT : 오른쪽 정렬

위젯

Tkinter에서 화면을 구성하는 다양한 요소를 위젯(widget)이라고 부른다. 위에서 사용한 프레임 외에 우리가 사용할 수 있는 위젯의 종류에는 다음과 같은 것이 있다.

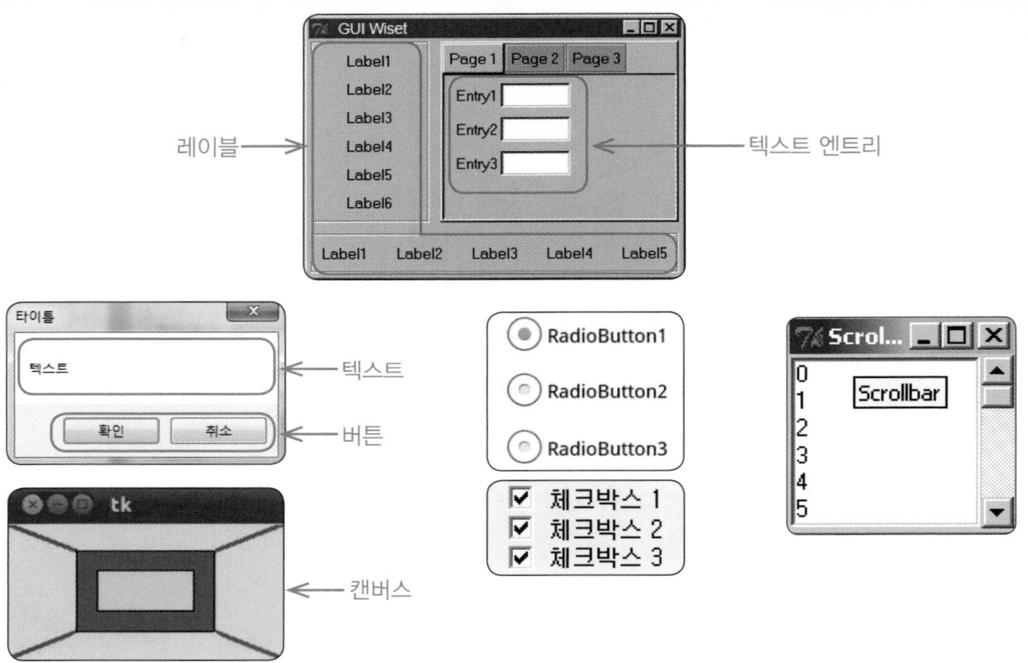

아래는 Tkinter에서 사용할 수 있는 위젯의 이름과 기능을 설명한 표이다.

이름	기 능
레이블(Label)	레이블 위젯은 다른 위젯에 대한 한 줄의 설명을 제공하는 데 사용된다. 또한 이미지를 포함할 수 있다.
버튼(Button)	버튼 위젯은 응용 프로그램에서 버튼을 표시하는 데 사용된다.
메시지 박스 (MessageBox)	레이블의 다른 형태로 여러 줄의 글자를 표시하기 위해 사용하는 위젯이다.

위젯

텍스트 엔트리 (TextEntry)	텍스트 엔트리 위젯은 사용자로부터 값을 입력 받기 위한 텍스트 필드를 표시하는 데 사용된다.
텍스트(Text)	텍스트 위젯은 여러 줄의 텍스트를 표시하는 데 사용된다.
라디오 버튼 (RadioButton)	라디오 버튼 위젯은 라디오 버튼 등의 옵션을 표시하는 데 사용된다. 사용자는 한 번에 하나의 옵션을 선택할 수 있다.
캔버스(Canvas)	캔버스 위젯은 응용 프로그램에서 선, 타원, 다각형과 사각형 등의 도형을 그리는 데 사용된다. 또한 다양한 커스텀 위젯을 캔버스 위에서 사용할 수 있다.
체크 버튼 (CheckButton)	체크 버튼 위젯은 체크 박스와 같은 옵션을 표시하는 데 사용된다. 사용자는 한 번에 여러 옵션을 선택할 수 있다.
이미지(Image)	BMP, GIF, JPEG, PNG 등의 이미지를 보여줄 수 있다.
리스트박스 (ListBox)	다양한 선택지 중에서 하나 이상을 선택하게 할 때 사용하는 위젯이다.
메뉴(Menu)	우리가 일반적인 프로그램을 사용할 때 볼 수 있는 프로그램 메뉴 부분을 제작하기 위한 위젯이다.
스케일(Scale)	스케일 위젯은 슬라이더 위젯을 사용할 수 있게 해준다.
스크롤바 (ScrollBar)	스크롤 위젯은 리스트 박스 등의 다양한 위젯에 스크롤 기능을 추가하는 데 사용된다.

다양한 위젯들의 기능을 알고 있으면 원하는 위치에 위젯을 배치하여 프로그램의 화면을 구성할 수 있다.

버튼 배치하기

프로그램에 '버튼 위젯'을 배치해 보자. 206쪽 7의 코드에 다음의 코드를 추가해 보자.

```
frame3['width']=400
button1=Button(frame2)
button1.configure(text='This is a button')
button1.configure(background='yellow')
button1.pack()

frame1.pack()
```

```
button1=Button(frame2)
```

Button()은 버튼을 만드는 생성자이다. 위의 코드에서는 빨강 바탕의 frame2 안에 button1이라는 이름을 갖는 버튼을 하나 생성하였다.

```
button1.configure(text='This is a button')
button1.configure(background='yellow')
```

위의 코드는 생성한 button1의 속성을 변경하는 코드이다. configure()라는 메소드를 이용하여 button1의 속성을 변경할 수 있다. 이 명령은 노란색 바탕의 버튼에 'This is a button'이라는 글자가 보이도록 하는 명령이다. 코드를 실행하면 오른쪽 그림과 같이 화면에 나타난다.

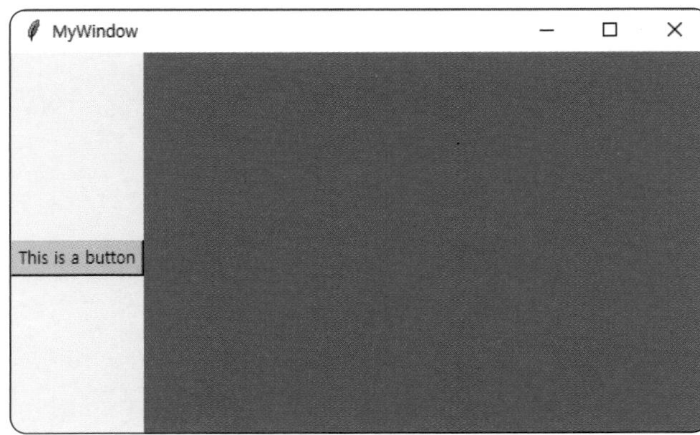

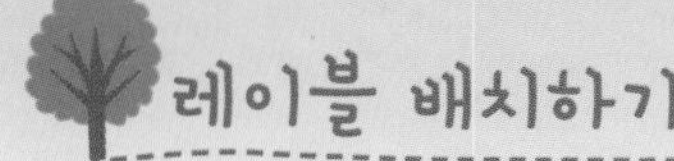

레이블 배치하기

frame3 안에 레이블을 만들어서 배치해 보자. 다음과 같이 코드를 추가해 보자.

```
 ⋮
button1=Button(frame2)
button1.configure(text='This is a button')
button1.configure(background='yellow')
button1.pack()

label1=Label(frame3)
label1.configure(text='This is a label')
label1.configure(background='skyblue')
label1.pack()

frame1.pack()
frame2.pack(side=LEFT)
frame3.pack(side=LEFT)
```

예상한 바와 같이 레이블을 만드는 생성자는 Label()이다. 이번에는 frame3 안에 label1이라는 이름의 레이블을 만들었고 레이블의 색은 하늘색, 그리고 레이블에 보이는 문자열은 'This is a label'로 설정하였다. 실행 결과는 다음과 같이 나타난다.

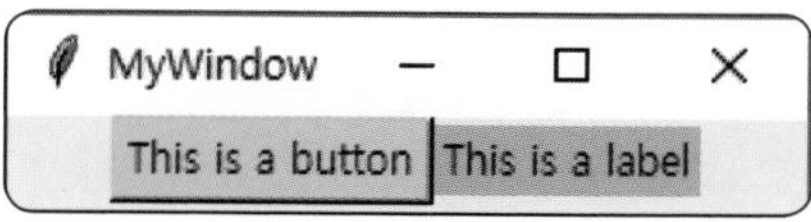

프레임 안에 들어가는 버튼과 레이블의 크기에 따라 프레임의 크기가 달라지는 것을 볼 수 있다. 앞에서도 설명했다시피 자식 위젯의 크기에 따라 부모 위젯의 크기가 결정되기 때문이다.

코드 정리하기

우리가 원하는 프로그램을 제작하기 위해서 코드를 다음과 같이 수정해 보자.

```
# 모듈 불러오기
from tkinter import *
root=Tk()
root.title('program1')

# 프레임 생성
main_frame=Frame(root)
left_frame=Frame(main_frame)
right_frame=Frame(main_frame)

# 버튼 생성
addnum_btn=Button(left_frame, text='숫자 증가', width = 10)
closewin_btn=Button(left_frame, text='프로그램 닫기', width = 10)

# 레이블 생성
num_label=Label(right_frame, text='0', width = 10)
closewin_label=Label(right_frame, text='프로그램이 실행중입니다', width = 10)

# 위젯 패킹
main_frame.pack()
left_frame.pack()
right_frame.pack()
addnum_btn.pack()
closewin_btn.pack()
```

```
num_label.pack()
closewin_label.pack()

root.mainloop()
```

코드를 저장 후 실행시키면 다음과 같이 프로그램 화면이 나타난다.

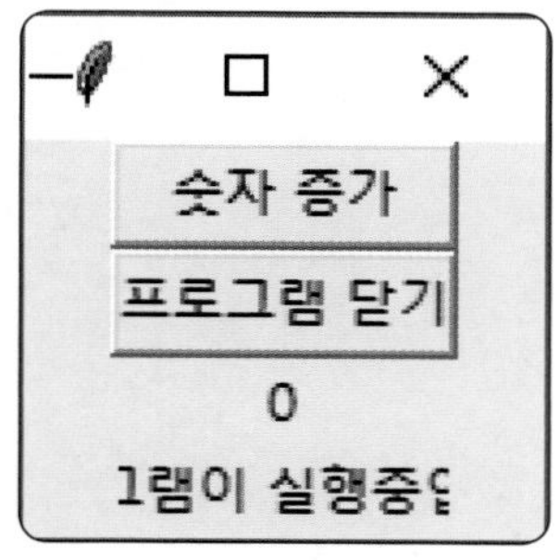

그런데, 프로그램이 생각한대로 나타나지 않는다. 무엇이 문제인가?

① 오른쪽 프레임이 오른쪽에 나타나지 않는다.

② '프로그램이 실행중입니다' 레이블의 글자가 일부 보이지 않는다.

이 두 가지 문제를 해결해 보자.

생성자 활용

앞에서 배운 대로라면 addnum_btn은 다음과 같이 생성하고 속성을 부여하게 된다.

```
addnum_btn=Button(left_frame)
addnum_btn.configure(text='숫자 증가')
addnum_btn.configure(width=10)
```

하지만 생성자에서도 속성을 미리 지정할 수 있기 때문에 한 줄로도 충분히 가능하다는 것을 알고 넘어가자. 버튼뿐 아니라 레이블 등 다양한 위젯을 만들 때도 사용할 수 있다.

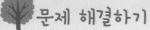

문제 해결하기

1 오른쪽 프레임을 오른쪽으로 위치시키기

Tkinter는 패킹 단계에서 그 위치와 공간을 결정하게 된다. 기본적으로는 모든 위젯이 위에서부터 차례대로 배열되는 위쪽 정렬 과정을 거친다. 따라서 옆으로 배치하기 위해서는 패킹시 옵션을 왼쪽 정렬로 바꾸어야 한다. 따라서 '# 위젯 패킹' 코드를 다음과 같이 수정한다.

```
# 위젯 패킹
main_frame.pack()
left_frame.pack(side=LEFT)
right_frame.pack(side=LEFT)
addnum_btn.pack()
```

2 레이블 길이 조정하기

'프로그램이 실행중입니다' 레이블의 글자가 제대로 보이지 않는다. 이 문제는 레이블의 가로 길이를 조정하여 글씨가 출력될 공간을 확보해 주면 된다. # 위젯 패킹' 코드를 다음과 같이 수정한다.

```
# 레이블 생성
num_label=Label(right_frame, text='0', width = 20)
closewin_label=Label(right_frame, text='프로그램이 실행중입니다', width = 20)
```

여기까지 진행하고 프로그램을 다시 실행시키면 다음과 같은 창이 실행된다.

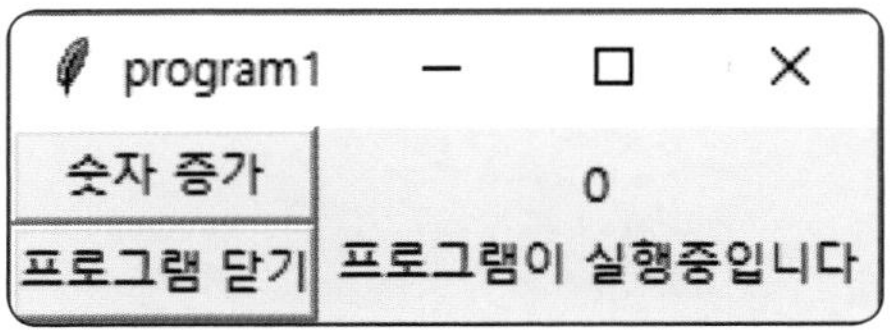

program1
숫자 증가 | 0
프로그램 닫기 | 프로그램이 실행중입니다

명령 연결하기(바인딩)

배치한 위젯에 명령을 내려 동작을 하게끔 만들어 보자. 위젯에 명령을 연결하는 작업을 바인딩(binding)이라고 부른다. 다음은 버튼에 명령을 내려서 프로그램이 동작하게 만들어 보자.

명령 실행 함수 정의하기

숫자 증가 버튼을 누르면 레이블에 담겨 있는 숫자가 증가하도록 만들어 보자.

```
from tkinter import  *
root = Tk()
root.title('program1')

# 함수 정의
def addnum():
    number = int(num_label['text'])
    number = number+1
    num_label['text'] = number
    print(number)
```

```
def addnum():
```

- addnum()이라는 이름의 함수를 생성한다.
- 이 함수를 사용하여 숫자를 하나씩 증가시킬 것이다.

```
number = int(num_label['text'])
```

- addnum() 함수가 실행이 되면 num_label에 담겨있는 text를 숫자로 변환해서 number라는 변수에 할당한다.
- num_label에 담겨 있던 text가 0이었으므로 이를 컴퓨터가 숫자 0으로 인식할 수 있도록 변환한다.

```
number = number+1
```

- number 변수에 저장된 값을 1 증가시키고 그 결과를 다시 number 변수에 저장한다.

```
num_label['text'] = number
```

- number에 저장되어 있는 값을 num_label의 text에 저장한다.

```
print(number)
```

- number에 저장된 값을 출력한다.

위젯 옵션 추가하기

버튼을 생성할 때 옵션을 하나 추가해 보자.

```
addnum_btn=Button(left_frame, text='숫자 증가', width = 10, command=addnum)
```

command 옵션은 이 버튼을 클릭하면 어떤 동작을 수행하도록 할지 지정하는 명령으로 사용할 함수를 지정해 주면 된다. 여기서는 addnum 함수를 불러오도록 지정하였다.

바인딩 사용하기

생성한 버튼과 명령을 하나로 묶어 버튼이 클릭되면 함수가 실행되도록 다음과 같이 코드를 입력해 보자. 바인딩은 패킹하기 전에 위치해야 한다.

```
# 바인딩
addnum_btn.bind('<Button-2>', addnum)
```

```
# 위젯 패킹
main_frame.pack()
left_frame.pack(side = LEFT)
right_frame.pack(side = LEFT)
addnum_btn.pack()
closewin_btn.pack()
num_label.pack()
closewin_label.pack()

root.mainloop()
```

- .bind 메소드는 사건과 사건이 일어났을 때 어떤 처리를 할지를 묶어주는 역할을 한다.
- Button-2(마우스 왼쪽 버튼으로 클릭했을 때) 사건과 addnum 함수를 묶어 버튼을 클릭했을 때 addnum 함수를 호출하여 레이블에 보이는 숫자를 하나 증가시키라는 명령을 실행하도록 하였다.

프로그램 종료 명령 바인딩

프로그램 닫기 버튼을 누르면 창이 닫히는 코드를 만들어 보자. 먼저, 프로그램을 닫는 함수를 만든다. 다음과 같이 addnum() 함수 아래 부분에 작성한다.

```
# 함수 정의
def addnum():
    number = int(num_label['text'])
    number = number + 1
    num_label['text'] = number
```

```
    print(number)

def quit_program():
    root.destroy()
```

program1		program1		program1	
숫자 증가	0	숫자 증가	3	숫자 증가	3
프로그램 닫기	프로그램이 실행중입니다	프로그램 닫기	프로그램이 실행중입니다	프로그램 닫기	프로그램이 실행중입니다

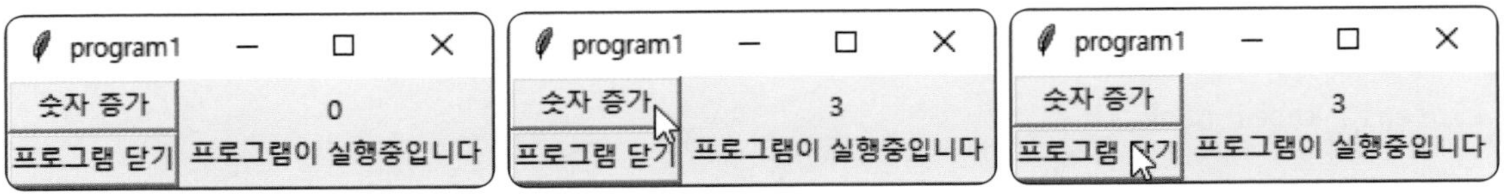

▲ 창이 사라짐

destroy() 메소드는 프로그램의 실행을 완전히 종료하고 창을 삭제할 때 사용한다. root.destroy는 root, 즉 tkinter가 생성한 가장 메인이 되는 창을 삭제하는 명령이기 때문에 해당 프로그램이 종료된다. 그러나 root.destroy()를 구현했다고 하지만 프로그램 닫기 버튼을 누르면 창이 닫히지 않는다. 왜냐하면 아직 이 함수를 closewin_btn 버튼과 바인딩을 하지 않았기 때문이다.
다음과 같이 quit_program() 함수와 closewin_btn 버튼을 바인딩 해 보자.

```
# 버튼 생성
addnum_btn = Button(left_frame, text = '숫자 증가', width = 10, command =
addnum)
closewin_btn = Button(left_frame, text = '프로그램 닫기', width = 10, command =
quit_program)
 ⋮
# 바인딩
addnum_btn.bind('<Button-2>', addnum)
closewin_btn.bind('<Button-2>', quit_program)
```

이 프로그램을 실행해보면 화면은 아까의 화면과 동일하지만 '숫자 증가' 버튼을 누르면 숫자가 증가하고, 프로그램 닫기 버튼을 누르면 창이 닫히는 것을 확인할 수 있다. 모든 명령이 바인딩되어 정상적으로 동작하게 된 것이다.

프로그램의 전체 코드를 정리하면 다음과 같다. 그 동안 우리가 코드를 제대로 작성했는지 비교해 보자.

```
# 모듈 불러오기
from tkinter import *
root=Tk()
root.title("program1")

# 함수 정의
def addnum():
    number = int(num_label['text'])
    number = number + 1
    num_label['text'] = number
    print(number)

def quit_program():
    root.destroy()

# 레이블 생성
num_label=Label(right_frame, text='0', width = 20)
closewin_label=Label(right_frame, text='프로그램이 실행중입니다', width = 20)

# 프레임 생성
main_frame=Frame(root)
left_frame=Frame(main_frame)
right_frame=Frame(main_frame)
```

```
# 버튼 생성
addnum_btn=Button(left_frame, text='숫자 증가', width = 10, command=addnum)
closewin_btn=Button(left_frame, text='프로그램 닫기', width = 10, command=quit_
program)

# 바인딩
addnum_btn.bind("<Button-2>",addnum)
closewin_btn.bind('<Button-2>',quit_program)

# 위젯 패킹
main_frame.pack()
left_frame.pack(side=LEFT)
right_frame.pack(side=LEFT)
addnum_btn.pack()
closewin_btn.pack()
num_label.pack()
closewin_label.pack()

root.mainloop()
```

이벤트와 이벤트 핸들러

이벤트는 프로그램이 실행되고 있는 도중에 발생하는 특정 동작을 의미한다. 프로그램이 동작하고 있는 도중에 마우스로 버튼을 클릭하는 것이 대표적인 이벤트의 예시이다.

그리고 이벤트 핸들러는 이벤트가 발생했을 때 이 이벤트를 어떻게 처리할 것인가를 처리하는 작업을 한다. 예를 들어, 메시지 박스의 '취소' 버튼을 마우스로 클릭하는 이벤트가 발생했다면 이벤트 핸들러는 그 메시지 박스를 사라지도록 하는 동작이 실행되도록 한다.

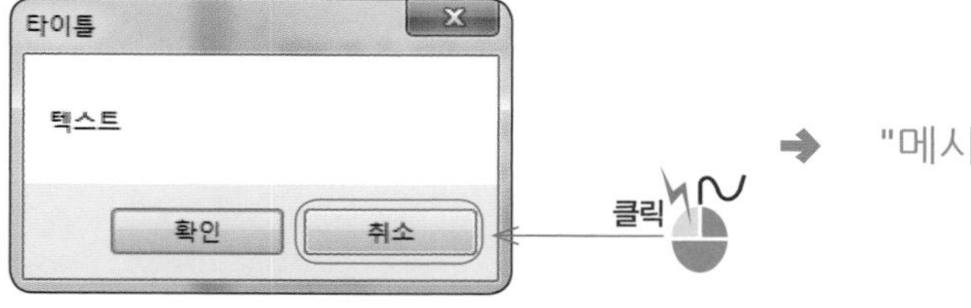

➔ "메시지 박스 사라짐"

계산기 프로그램

GUI 프로그래밍을 공부하면 일반적으로 많이 만들어 보는 프로그램이 계산기나 주소록 프로그램이다. 가장 기본적인 기능을 가지고 있는 프로그램을 제작해보면서 GUI 프로그래밍에 익숙해질 수 있기 때문이다. 다음과 같이 tkinter로 계산기 프로그램을 만들어 보자.

앞에서 GUI 프로그램을 제작하기 위해서는 두 단계의 설계가 필요하다고 설명하였다. 각각의 설계가 자세하게 이루어질수록 실제 제작할 때 수행해야 할 일이 명확해진다.

1 화면(인터페이스) 설계

계산기 프로그램을 제작하려고 하면 화면을 어떻게 구성해야 할까?

- 계산하는 숫자가 나타날 창을 하나의 프레임으로 구현한다.
- 숫자와 연산 기호를 입력하는 부분도 하나의 프레임으로 구현한다.
- 입력한 숫자가 보이도록 하는 창은 레이블로 구현한다.
- 숫자와 연산 기호는 버튼으로 구현한다.
- 각각의 위젯 사이에 적당한 간격을 두어 사용하기 편리하게 만든다.

2 프로그램 동작 설계

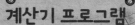

제작할 계산기의 기능에 대해 생각해 보자. 또한 그 기능들이 프로그램에서 어떻게 구현되어야 하는지에 대해 생각해 보자.

1. 첫 번째 숫자를 누른다 – 숫자가 레이블에 표시된다.
2. 연산 기호를 누른다 – 어떤 연산을 해야 하는지 기억한다.
3. 두 번째 숫자를 누른다 – 첫 번째 숫자를 기억한다. 숫자가 레이블에 표시된다.
4. 등호(계산하기) 기호를 누른다 – 전체 연산을 수행한다.
5. 화면에 계산 결과가 나타난다 – 숫자가 레이블에 표시된다.
6. 숫자를 잘못 입력한 경우 ←를 눌러 지울 수 있도록 한다.
7. 다른 연산을 할 때는 다시 숫자를 초기화한다.

위와 같은 설계를 바탕으로 프로그램을 제작해 보자.

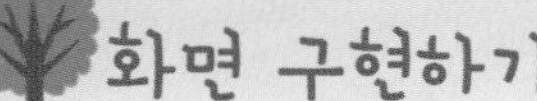

화면 구현하기

1 동작 설계

가장 먼저 메인 창을 만들고 창의 크기와 위치를 설정해 보자.

```
from tkinter import *
# 창 생성하기
root=Tk()
root.title('My Calculator')
root.geometry('200x300+200+200')

root.mainloop()
```

- tkinter 모듈을 가져온 후, 'root'라는 이름으로 창을 생성한다.
- 프로그램명은 My Calculator로 설정한다.
- 창의 geometry 메소드로 창이 생성될 크기와 위치를 결정한다.

geometry() 메소드는 다음과 같은 형식을 갖고 있다.

```
창 이름.geometry('가로 길이(픽셀) × 세로 길이(픽셀) + 창을 표시할 화면의 x좌표 +
화면의 y좌표')
```

여기서는 계산기 창의 크기는 200pixel × 300pixel 로 구성되어 있으며, 계산기 프로그램이 실행될 때 화면의 (x = 200, y = 200) 에 표시되도록 한다.

2 프레임 배치하기

앞에서 배운 생성자로 프레임을 생성해 보자. 각 위젯의 부모-자식 관계에 유의하여 프레임을 생성하도록 한다. 프레임의 내포 관계는 다음의 그림과 같다.

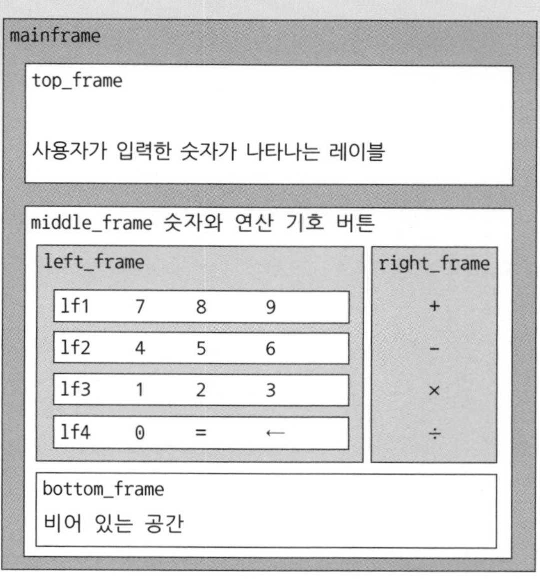


```
# 창 생성하기
root = Tk()
root.title('My Calculator')
root.geometry('200 x 300 + 200 + 200')

# 프레임 생성하기
mainframe = Frame(root)
top_frame = Frame(mainframe)
middle_frame = Frame(mainframe)
bottom_frame = Frame(mainframe)
left_frame = Frame(middle_frame)
lf1 = Frame(left_frame)
lf2 = Frame(left_frame)
```

```
lf3 = Frame(left_frame)
lf4 = Frame(left_frame)
right_frame = Frame(middle_frame)

root.mainloop()
```

- root 안에 mainframe을 먼저 만든다.
- mainframe은 입력한 숫자를 보여주는 top_frame, 숫자와 연산 기호를 입력할 수 있는 버튼을 포함하는 middle_frame, 버튼 아래에 여분의 공간을 만들어주는 bottom_frame을 포함한다.
- middle_frame은 다시 숫자와 '=', '←'을 포함하는 left_frame과 '+', '−', '×', '÷'을 포함하는 right_frame을 포함한다.
- left_frame은 다시 숫자를 표시하는 lf1, lf2, lf3, lf4 프레임을 포함하고 있다.

3 레이블 배치하기

프레임을 모두 생성하여 배치하였다면, 계산기의 가장 위쪽(top_frame)에는 우리가 입력한 숫자와 계산한 결과 값을 보여줄 레이블을 하나 배치하도록 하자.

```
right_frame = Frame(middle_frame)

# top_frame에 레이블 넣기
result_label = Label(top_frame, text = '0', height = 3, background = 'White',
anchor = 'e', padx = 5, pady = 5)

root.mainloop()
```

result_label이라는 이름으로 레이블을 하나 생성하였다. 이 레이블은 다음의 속성을 갖는다.

- 이 레이블의 부모는 top_frame이다. 따라서 이 레이블은 top_frame에 나타난다.
- text는 말 그대로 텍스트로, 기본적으로 0으로 설정한다.
- height는 레이블의 높이로, 3으로 정한다. 레이블의 높이는 픽셀 단위가 아니라 글자 단위이므로 '여기서는 글자 3자가 들어갈 수 있는 높이를 의미한다.'라는 뜻이다.
- background는 레이블의 배경 색으로, 흰색으로 정한다.
- 안쪽에 표시될 숫자를 오른쪽으로 정렬하기 위하여 anchor 옵션을 주었다. anchor를 'e'(동쪽, east의 약자)으로 주면 안에 포함되는 내용이 레이블의 오른쪽에 배치된다(anchor 속성에 대한 내용은 뒤에서 자세히 다루기로 한다.).
- padx, pady는 레이블의 가장자리에서 내용이 얼마나 떨어져 보일 것인지에 대한 옵션, 즉 여백 옵션이다. 각각 5픽셀 정도의 간격을 두어 적절하게 떨어지도록 설정한다.

결과를 확인하기 위하여 생성한 위젯들을 다음과 같이 패킹해 보자.

```
# top_frame에 레이블 넣기
result_label = Label(top_frame, text = '0', height = 3, background = 'White',
anchor = 'e', padx = 5, pady = 5)

# 패킹하기
mainframe.pack()
top_frame.pack()
middle_frame.pack()
bottom_frame.pack()
left_frame.pack()

lf1.pack()
lf2.pack()
lf3.pack()
lf4.pack()
```

```
right_frame.pack()
result_label.pack()

root.mainloop()
```

이와 같이 설정한 레이블은 다음과 같이 나타난다. 화면이 제대로 나타나지 않는다면 패킹을 정상적으로 진행했는지를 확인한다. 패킹 순서가 부모 위젯-자식 위젯의 순서로 지정되었는지 확인하도록 한다.

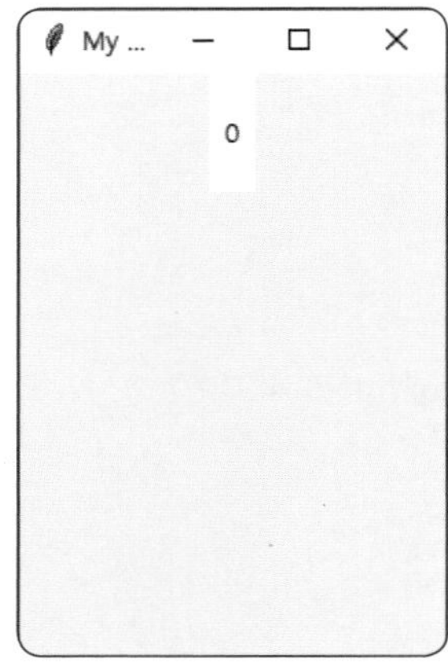

4 버튼 배치하기

이제 계산기의 숫자 입력과 계산을 담당할 버튼을 만들어 보자.
숫자 버튼은 다음과 같은 순서로 만들어 배치한다. lf1 프레임에는 7, 8, 9 버튼을, lf2 프레임에는 4, 5, 6 버튼을, lf3 프레임에는 1, 2, 3을 lf4 프레임에는 0, =, ← 버튼을 만들어 보자.

lf1	7	8	9
lf2	4	5	6
lf3	1	2	3
lf4	0	=	←

앞에서 버튼을 만들었던 방식을 참고해 다음의 코드를 작성해 보자. Button을 사용하여 버튼을 생성하고 각 숫자가 들어가야 할 프레임을 지정한 후, 텍스트를 입력하고 너비와 높이를 각각 3과 2로 지정한다.

```
# top_frame에 레이블 넣기
result_label = Label(top_frame, text = '0', height = 3, background = 'White',
anchor = 'e', padx = 5, pady = 5)

button7=Button(lf1, text='7', width=3, height=2)
button8=Button(lf1, text='8', width=3, height=2)
button9=Button(lf1, text='9', width=3, height=2)
button4=Button(lf2, text='4', width=3, height=2)
button5=Button(lf2, text='5', width=3, height=2)
button6=Button(lf2, text='6', width=3, height=2)
button1=Button(lf3, text='1', width=3, height=2)
button2=Button(lf3, text='2', width=3, height=2)
button3=Button(lf3, text='3', width=3, height=2)
button0=Button(lf4, text='0', width=3, height=2)
buttonequal=Button(lf4, text='=', width=3, height=2)
buttonbackspace=Button(lf4, text='←', width=3, height=2)
```

결과를 확인하기 전에 연산 기호 버튼을 만들어 보자. 숫자 버튼의 오른쪽에는 연산을 담당하는 연산 기호를 배치하는데, 연산 기호가 위치하는 프레임은 right_frame이다. 코드는 다음과 같이 작성할 수 있다.

right_frame
+
-
×
÷

```
add_btn=Button(right_frame, text='+', width=3, height=2)
sub_btn=Button(right_frame, text='-', width=3, height=2)
mul_btn=Button(right_frame, text='*', width=3, height=2)
div_btn=Button(right_frame, text='/', width=3, height=2)
```

다음과 같이 버튼을 패킹한다.

```
right_frame.pack()
result_label.pack()

button7.pack()
button8.pack()
button9.pack()

button4.pack()
button5.pack()
button6.pack()
```

```
button1.pack()
button2.pack()
button3.pack()

button0.pack()
buttonequal.pack()
buttonbackspace.pack()

add_btn.pack()
sub_btn.pack()
mul_btn.pack()
div_btn.pack()

root.mainloop()
```

위의 코드로 생성한 버튼이 다음의 그림과 같이 화면에 나타난다.

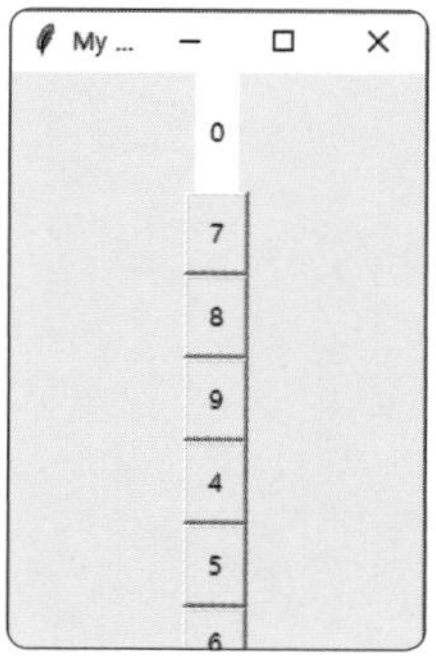

레이블 아래에 버튼이 하나씩만 들어가 있는 것을 확인할 수 있다.
왜 이러한 결과가 나올까? 앞에서 우리가 원하는 형태로 버튼을 배치하기 위해서 패킹할 때 배치 속성을 설정해주었던 것이 기억날 것이다. 그 속성을 활용하여 버튼 패킹 부분을 수정한다.

5 패킹 속성 설정하기

모든 위젯들이 처음에 계획했던 위치로 베치하기 위해서 패킹 속성을 다음과 같이 설정한다.

```
# 프레임 패킹
mainframe.pack(expand=YES, fill=BOTH)
top_frame.pack(expand=YES, fill=BOTH)
middle_frame.pack(expand=YES, fill=BOTH)
bottom_frame.pack(expand=YES, fill=BOTH)
left_frame.pack(side=LEFT, expand=YES, fill=BOTH)

lf1.pack(expand=YES, fill=BOTH)
lf2.pack(expand=YES, fill=BOTH)
lf3.pack(expand=YES, fill=BOTH)
lf4.pack(expand=YES, fill=BOTH)

right_frame.pack(side=LEFT, expand=YES, fill=BOTH)

# 레이블 패킹
result_label.pack(expand=YES, fill=BOTH)

# 버튼 패킹
button7.pack(side=LEFT, expand=YES, fill=BOTH, padx=5, pady=5)
button8.pack(side=LEFT, expand=YES, fill=BOTH, padx=5, pady=5)
button9.pack(side=LEFT, expand=YES, fill=BOTH, padx=5, pady=5)

button4.pack(side=LEFT, expand=YES, fill=BOTH, padx=5, pady=5)
button5.pack(side=LEFT, expand=YES, fill=BOTH, padx=5, pady=5)
button6.pack(side=LEFT, expand=YES, fill=BOTH, padx=5, pady=5)
```

```
button1.pack(side=LEFT, expand=YES, fill=BOTH, padx=5, pady=5)
button2.pack(side=LEFT, expand=YES, fill=BOTH, padx=5, pady=5)
button3.pack(side=LEFT, expand=YES, fill=BOTH, padx=5, pady=5)

button0.pack(side=LEFT, expand=YES, fill=BOTH, padx=5, pady=5)
buttonequal.pack(side=LEFT, expand=YES, fill=BOTH, padx=5, pady=5)
buttonbackspace.pack(side=LEFT, expand=YES, fill=BOTH, padx=5, pady=5)

add_btn.pack(expand=YES, fill=BOTH, padx=5, pady=5)
sub_btn.pack(expand=YES, fill=BOTH, padx=5, pady=5)
mul_btn.pack(expand=YES, fill=BOTH, padx=5, pady=5)
div_btn.pack(expand=YES, fill=BOTH, padx=5, pady=5)

root.mainloop()
```

패킹하기 위한 sdie, fill, expand, anchor 등 위젯의 패킹 옵션들을 하나씩 알아보자.

❶ side= (TOP, BOTTOM, LEFT, RIGHT)로 정렬하기

위젯 포함되는 내용물을 정렬하는 방식을 나타낸다. TOP은 위쪽부터 차례대로 정렬하고, BOTTOM은 아래쪽부터 정렬한다. LEFT는 왼쪽부터 정렬하고, RIGHT는 오른쪽부터 정렬한다. 아무런 설정도 하지 않으면 기본값은 TOP으로 설정되어 있다.

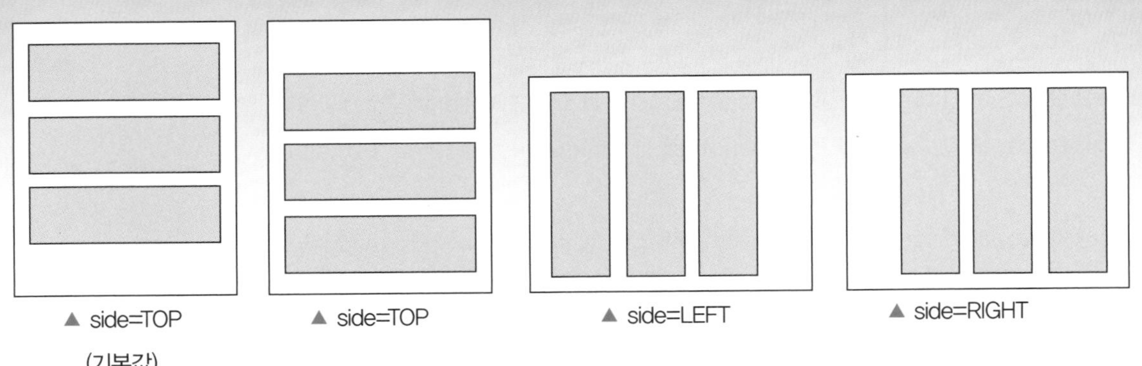

▲ side=TOP (기본값) ▲ side=TOP ▲ side=LEFT ▲ side=RIGHT

❷ fill= (NONE, X, Y, BOTH)로 채우기

위젯이 들어갈 수 있는 공간이 있을 때 자신의 크기를 늘려서 그 공간을 모두 채울 것인지를 결정하는 옵션이다. X는 수평으로만 늘리는 옵션이고 Y는 수직으로만 늘리는 옵션이다. BOTH는 수평과 수직으로 모두 크기를 늘리게 된다. NONE은 자신이 필요한 만큼만 차지하고 더 이상 늘리지 않는다. 기본 값은 NONE이다.

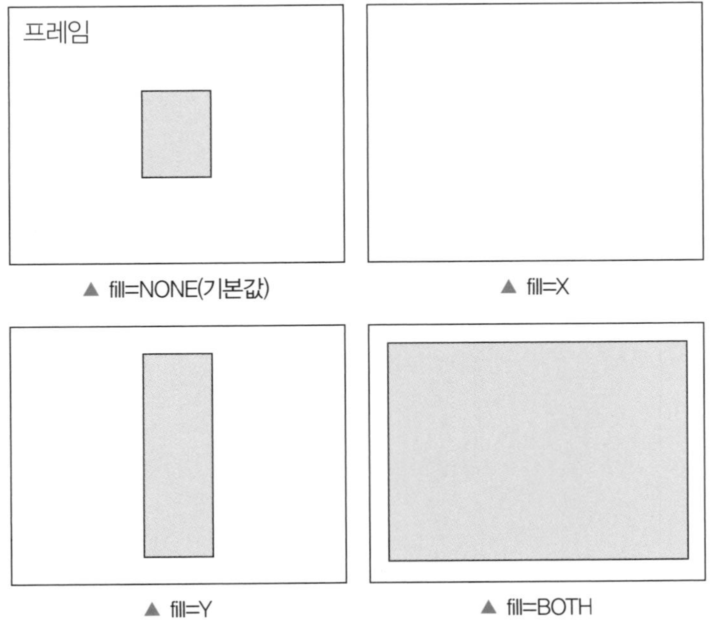

▲ fill=NONE(기본값) ▲ fill=X ▲ fill=Y ▲ fill=BOTH

❸ **expand= (YES, NO)로 상위 위젯의 공간으로 확장하기**

위젯에 할당되지 않았지만 공간이 비어 있을 때 그 공간을 모두 사용하고자 하면 expand 옵션을 YES로 설정한다. 기본값은 NO로 설정되어 있다. fill 옵션과 차이점이라고 한다면 expand는 상위 위젯까지 확장할 수 있다는 점이다.

220쪽의 코드에서 프레임을 패킹할 때 expand 옵션을 'YES'로, fill 옵션을 'BOTH'로 주었다. 이런 경우 창의 크기를 변경하면 프레임의 전체 크기 또한 자동으로 조절된다.

❹ **anchor= (NW, N, NE, E, SE, S, SW, W, CENTER)로 텍스트의 위치 지정하기**

텍스트가 자신이 차지하고 있는 공간 안에서 특정한 위치에 자리하고 싶을 때 사용하는 옵션이다.

NW = 좌측 상단(북서)
N = 중앙상단(북)
NE = 우측상단(북동)
E = 우측중앙(동)
SE = 우측하단(남동)
S = 중앙하단(남)
SW = 좌측하단(남서)
W = 좌측중앙(서)
CENTER = 정중앙(기본값)

NW	N	NE
W	CENTER	E
SW	S	SE

❺ **padx, pady= (픽셀)로 주변 위젯과의 여백을 어느 정도 둘 것인지를 설정하기**

이 옵션은 각 자신의 부모 프레임이나 주변 위젯들과의 양 옆, 위 아래로 얼마나 간격을 띄울 것인가를 설정할 때 사용한다. 픽셀 단위로 사용할 수 있다.

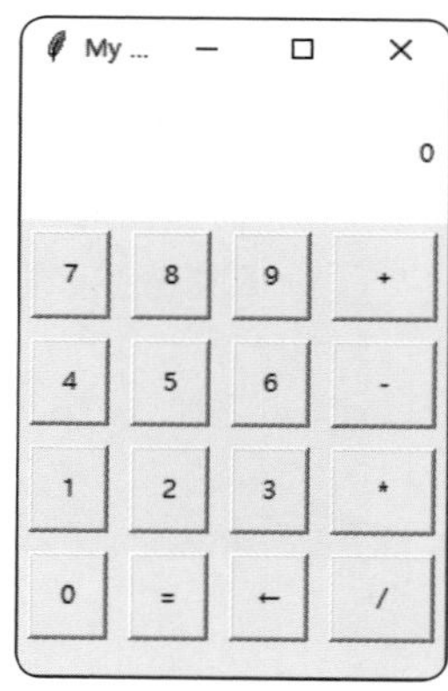

전체 위젯의 패킹이 끝났다면 프로그램을 실행하면 오른쪽 그림과 같은 계산기 형태가 나타나게 된다.

이제 계산기로써의 기능을 할 수 있도록 계산기 프로그램을 작성해 보자.

내부 동작 구현하기

우리는 자주 계산기를 사용한다. 하지만 계산이 어떠한 순서로 이루어지는지 생각해본 적이 있는가? 계산기 프로그램을 제작하기에 앞서 먼저, 계산기를 사용해 두 수를 계산할 때 어떤 순서로 명령이 실행되는지 생각해 보자. 또한 각 단계별로 우리가 프로그래밍해야 될 부분으로 구체적으로 정리해 계획을 세워 보자.

첫 번째 숫자를 입력한다.

- 숫자 버튼을 누른다.
- 숫자를 입력하면 숫자가 표시된다(자릿수 증가).

▶

만약, 숫자를 잘못 입력했다면 수정한다.

- 백스페이스 버튼을 누른다.
- 숫자가 실시간으로 표시된다(자릿수 감소).

▶

연산 기호를 입력한다.

- 연산 기호를 누른다.
- 첫 번째 숫자를 저장한다.
- 연산 기호를 저장한다.

▶

두 번째 숫자를 입력한다.

- 숫자 버튼을 누른다.
- 숫자를 입력하면 숫자가 표시된다(자릿수 증가).

▶

만약, 숫자를 잘못 입력했다면 수정한다.

- 백스페이스 버튼을 누른다.
- 숫자가 실시간으로 표시된다(자릿수 감소).

▶

등호 기호를 입력한다.

- 저장된 첫 번째 숫자와 두 번째 숫자를 저장된 연산 기호를 활용하여 계산한다.

▶

계산 결과를 확인한다.

- 계산한 결과 값을 화면에 출력한다.

1 첫 번째 숫자 입력하기

프로그램 계획에서 사용자가 첫 번째 숫자를 입력하는 과정은 다음과 같다.

1. 숫자 버튼을 누른다 – 키 입력 이벤트가 발생한다.
2. 누른 숫자가 레이블(result_label)에 차곡차곡 표시된다. – 원래 레이블에 있던 숫자에 입력된 숫자를 추가한다.

여기서 유의할 점은 레이블에 표시되는 숫자는 우리가 보기에는 숫자이지만 내부적으로는 문자로 처리된다(속성의 이름이 'text' 라는 것에 유의한다). 따라서 레이블 숫자 증가 처리를 문자열 처리로 수행할 수 있다. 우리는 레이블을 생성할 때 초기 텍스트 값을 '0'으로 설정하였다. 따라서 레이블에 0이 표시되어 있을 때 숫자 키를 누른다면 0을 그 숫자값으로 바꾼다. 만약 레이블에 0외에 다른 숫자가 들어있다면 이미 앞에서 다른 숫자가 입력되어 있으므로 그 숫자 뒤에 입력한 숫자를 붙여 새로운 숫자로 바꾼다.

이 과정을 다음과 같이 표현할 수 있다.

```
만약, 레이블에 0이 있다면
        레이블의 텍스트를 입력받은 숫자가 보이도록 설정한다.
그렇지 않다면(즉, 레이블에 0이 아닌 다른 수가 있다면)
        레이블의 텍스트에 입력받은 숫자를 추가한다.
```

위와 같은 내용을 바탕으로 레이블의 숫자를 증가시키는 함수를 설정해 보자.

① 함수 생성하기

```
# top_frame에 레이블 넣기
result_label = Label(top_frame, text = '0', height = 3, background = 'White',
anchor = 'e', padx = 5, pady = 5)
```

```
def calc(num):
    print ('이 버튼은 ' + str(num) + '번 입니다') # 쉘에 표시되는 부분
    if result_label['text'] == '0':
        result_label.configure(text = str(num))
    else:
        result_label.configure(text = result_label['text'] + str(num))
```

```
def calc(num):
```

- calc() 함수는 버튼을 통해 입력된 숫자를 num 변수에 저장하고 num 변수를 이용하여 함수를 수행하게 된다.
- 버튼을 통해 입력 받은 숫자를 calc() 함수에서 사용하기 위하여 num이라는 변수를 매개 변수로 만들어 저장시켜둔 것이다.

```
    print ('이 버튼은 ' + str(num) + '번 입니다')
```

이 명령은 몇 번을 가리키는 버튼을 눌렀는지 확인하기 위하여 사용한다. num에 저장된 값이 숫자로 넘어오는 반면, 레이블은 문자열을 표시하기 때문에 여기서는 num을 문자열로 변환하기 위하여 str() 함수를 사용하여 str(num)이라고 표현하였다. 사실 계산기 프로그램에는 이 print() 명령이 필요하지 않다. 계산기를 만드는 과정에서 버튼으로 입력된 값이 레이블에 정확하게 나타나는지 확인하기 위하여 임시로 넣어둔 명령이다. 쉘 창에 print문의 결과가 나타나게 되니 입력이 제대로 되고 있는지 확인하도록 하자.

```
    if result_label['text'] == '0':
        result_label.configure(text = str(num))
```

- 이 명령은 만약 result_label의 텍스트가 0이라면 result_label의 텍스트 값을 num의 값으로 바꾼다는 의미를 갖고 있다.

```
else:
    result_label.configure(text = result_label['text'] + str(num))
```

- 그렇지 않다면 (result_label에 이미 0 외에 다른 값이 들어 있다면) 원래 있던 값과 num 값을 합쳐준다.
- 문자열과 문자열을 연결할 때도 '+'기호를 사용한다. 그러므로 여기서는 result_label['text']에 저장된 내용에 str(num)을 추가한다는 의미이다.

❷ 바인딩

함수를 제작하고 나면 함수를 숫자 b 버튼에 연결하는 과정이 남았다. 숫자를 입력하는 함수를 각각의 버튼에 바인딩해 보자.
숫자 버튼의 코드를 다음과 같이 수정해 보자.

```
button7=Button(lf1, text='7', width=3, height=2, command=(lambda t=7: calc(t)))
button8=Button(lf1, text='8', width=3, height=2, command=(lambda t=8: calc(t)))
button9=Button(lf1, text='9', width=3, height=2, command=(lambda t=9: calc(t)))
button4=Button(lf2, text='4', width=3, height=2, command=(lambda t=4: calc(t)))
button5=Button(lf2, text='5', width=3, height=2, command=(lambda t=5: calc(t)))
button6=Button(lf2, text='6', width=3, height=2, command=(lambda t=6: calc(t)))
button1=Button(lf3, text='1', width=3, height=2, command=(lambda t=1: calc(t)))
button2=Button(lf3, text='2', width=3, height=2, command=(lambda t=2: calc(t)))
button3=Button(lf3, text='3', width=3, height=2, command=(lambda t=3: calc(t)))
button0=Button(lf4, text='0', width=3, height=2, command=(lambda t=0: calc(t)))
```

숫자 버튼의 옵션으로 command를 사용하였다. 'command = 실행할 명령'의 형태로 바인딩하여, 숫자를 연결하기 위해 만들었던 함수인 calc(t)를 command에 작성하였다. 이전과 달리 단순히 함수 이름만 입력하지 않고 람다(lambda) 방식으로 인자를 전달하였다. 그런데 갑자기 등장한 lambda는 대체 어떤 역할을 하는 녀석일까?

lambda는 파이썬 내장 함수로 실행할 명령을 간단하게 줄이기 위해 사용한다. 즉, 함수를 선언하고 그 다음 줄에서 함수 내용을 넣었던 것을 한 줄에 다 표현한다고 생각하면 된다.

lambda를 사용하는 형식은 다음과 같다.

```
lambda 매개 변수: 표현식
```

lambda 표현식을 사용하는 이유는 함수에 매개 변수를 전달하는 과정을 쉽게 표현할 수 있기 때문이다. 따라서 앞서 작성한 코드에서 매개 변수 t에 7을 지정하고, calc() 함수에 t 값을 전달하여 실행하는 명령인 것이다.

각 버튼에 알맞은 값을 지정하고 함수를 호출하면 함수 내부의 명령이 실행된다. 프로그램을 실행하여 숫자 버튼을 누르면 숫자가 증가하는 것을 볼 수 있다.

다음과 같은 결과 화면이 나오는지 프로그램을 실행시켜 보자.

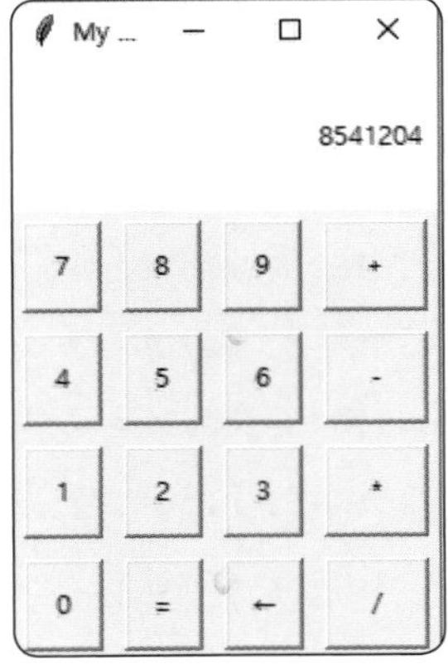

lambda

lambda에 대해 좀 더 자세히 알아 보자.

다음과 같이 add_num(a)함수의 예를 살펴보자. add_num(a) 함수는 a 값을 받아 a+a를 수행하여 그 결과값을 반환하는 함수이다.

```
def add_num(a):
    return a+a

print(add_num(2))
```

위와 같이 함수를 정의하는 경우 print(add_num(2))에서 add_num(2)가 호출이 되면 add_num() 함수에 2라는 값이 매개변수로 전달되고 숫자 2는 a라는 변수에 저장이 된다. 그리고 a+a의 결과인 4를 반환해 주기 때문에 print(add_num(2))는 4라는 결과를 화면에 출력한다.

이에 반해 lambda 표현식을 사용하면 다음과 같이 2줄로 표현이 가능하다.

```
result = lambda a: a+a

print(result(2))
```

print(result(2))의 result(2)가 실행되면서 "result = lambda a: a+a" 명령을 수행하게 된다. lambda 함수가 2를 a라는 매개 변수로 받아 a+a를 연산하여 4라는 결과를 얻고 result(2)로 4를 반환하면 4를 화면에 출력하는 것이다.

2 숫자 수정하기

숫자를 입력하는 기능을 구현하였다. 이제 숫자를 잘못 입력하였을 때 백스페이스 버튼으로 숫자를 삭제하는 기능을 구현해 보도록 하자. 레이블에 숫자가 있을 때, 백스페이스 버튼을 누르면 숫자가 하나씩 지워지도록 만들도록 할 것이다.

계산기 프로그램에서 숫자를 수정하기 위한 과정은 다음과 같다.

1. 만약 레이블에 두 자리 이상의 숫자가 있다면
   백스페이스(backspace, ←) 버튼을 누르면 맨 마지막 숫자가 삭제된다.
2. 만약 레이블에 한 자리 숫자가 있다면
   백스페이스 버튼을 누르면 그 숫자를 0으로 바꾼다.

❶ 함수 생성하기

```
#함수 생성
def calc(num):
    print ('이 버튼은 ' + str(num) + '번 입니다') # 쉘에 표시되는 부분
    if result_label['text'] ==  :
        result_label.configure(text = str(num))
    else:
        result_label.configure(text = result_label['text'] + str(num))

def delnum():
    i = result_label['text']
    if len(i) == 1:
        print(i)
        result_label.configure(text='0')
    else:
        result_label['text'] = i[:-1]
```

```
def delnum():
```

글자를 지우는 기능을 하는 함수 delnum()을 정의하였다. delnum 함수는 단지 result_label에 들어있는 글자를 기준으로 숫자를 삭제하는 작업을 수행하기 때문에 특별한 인자를 필요로 하지 않는다.

```
i = result_label['text']
```

- result_label에 들어있는 text 값을 i라는 변수에 저장하라는 명령이다.

```
if len(i) == 1:
    print(i)
    result_label.configure(text='0')
```

- len()은 괄호 안에 포함된 내용물이 갖고 있는 텍스트의 길이를 숫자로 반환하는 함수이다.
- 만약 레이블의 텍스트를 갖고 있는 i의 값이 한 자리라면 len(i)는 1을 반환할 것이다.
- 만약 한 자리 숫자라면 result_label의 값을 0으로 바꾼다.
- print 문은 역시 확인을 위해 사용하였다.

```
else:
    result_label['text'] = i[:-1]
```

- 그렇지 않다면(즉, result_label에 두 자리 이상의 값이 들어 있다면) 가장 마지막 숫자를 지운다.
- 문자열 뒤에 [:-1]을 붙이면 문자열의 가장 마지막 글자를 삭제한 값을 반환한다.

❷ 바인딩

위의 코드를 완성한 후 buttonbackspace 버튼과 바인딩한다.

```
buttonbackspace=Button(lf4, text='←', width=3, height=2, command=delnum)
```

delnum 함수는 특별한 인자(매개 변수)를 필요로 하지 않기 때문에 lambda 표현식을 사용하지 않았다.

이제 프로그램을 실행시켜 백스페이스 버튼이 이상 없이 동작하는지 확인해 보자.

len() 함수

len()은 length의 약어로 괄호 안에 들어 있는 내용의 길이를 반환하는 함수이다.
만약, len('abc')라고 하면 3을 출력하며, a라는 변수에 'lemon'이 저장되어 있는 경우 len(a)는 5를 반환한다.

3 연산 기호 입력하기

두 수를 계산하기 위한 두 번째 과정으로 연산 기호를 누르는 동작에 대한 프로그래밍을 해 보자. 연산 기호를 누를 때에는 어떠한 작업을 해줘야 할까?

1. 두 번째 숫자를 입력 받기 전, 첫 번째 숫자를 저장해야 한다.
2. 입력 받은 연산 기호를 저장해야 한다.

사용자 입장에서는 연산 기호를 누르기만 하면 되는 단순한 작업이지만 실제로는 이 두 가지 내용이 처리되어야 한다.

이해를 돕기 위해 윈도 계산기는 어떻게 처리하는지 살펴보자.

오른쪽 그림과 같이 첫 번째 숫자를 입력하고 연산 기호를 누르면 위쪽에 이전에 입력한 내용을 작게 보여준다. 우리의 계산기 프로그램에도 이러한 방식을 적용시켜 보자.

그렇다면, 우리가 해야 할 일은 총 세 가지이다.

- result_label 위에 레이블을 하나 더 추가한다.
- 추가한 레이블에 첫 번째 입력한 수와 연산 기호를 저장하는 함수를 작성한다.
- 연산 기호 버튼과 저장하는 함수를 바인딩 한다.

❶ 레이블 추가하기

첫 번째 숫자와 연산 기호를 보여주는 레이블을 하나 더 추가해 보자. 입력하는 숫자를 보여주는 레이블 위에 조그마한 레이블을 하나 더 넣는다. 213쪽의 프레임 관계도를 수정해 보자.

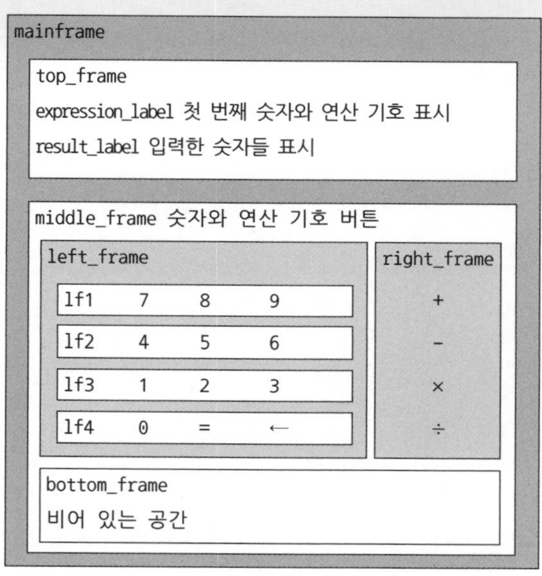

214쪽의 result_label을 만들었던 코드 앞에 다음과 같이 첫 번째 숫자와 연산 기호를 작게 보여주는 레이블 expression_label을 만드는 코드를 추가하면 된다.

```
expression_label=Label(top_frame, text='', height=1, background='White',
anchor='e', padx=5, pady=5)
result_label=Label(top_frame, text='0', height=3, background='White', anchor='e',
padx=5, pady=5)
```

- expression_label의 기본 텍스트 값은 아무것도 없어야 하므로 text=‘ ’이라고 설정한다.

❷ 함수 생성하기

첫 번째 숫자와 연산 기호를 expression_label 레이블에 저장하는 함수를 만들어 보자. 이때, 함수의 이름은 saveexpression()으로, saveexpression() 함수는 연산자를 입력 받아 변수 opr에 저장한다.

```
def delnum():
    i = result_label['text']
    if len(i) == 1:
        print(i)
        result_label.configure(text='0')
    else:
        result_label['text'] = i[:-1]

def saveexpression(opr):
    expression_label['text'] = str(expression_label['text']) + str(result_
label['text']) + opr
    result_label['text'] = '0'
```

```
    expression_label['text'] = str(expression_label['text']) + str(result_
label['text']) + opr
```

숫자와 연산 기호를 저장하는 함수는 다음과 같이 세 줄로 해결할 수 있다. 기존의 expression_label에 있던 텍스트와 첫 번째 숫자로 입력된 result_label의 텍스트, 그리고 연산자를 차례대로 연결하여 expression_label의 텍스트로 삽입한다.

```
    result_label['text'] = '0'
```

result_label에 있는 값을 expression_label로 이동하였으니 다시 0으로 초기화하는 작업이다.

expression_label에 등호(=)가 있는 경우 결과값을 출력한 후, 레이블을 초기화시켜야 하므로 다음과 같이 코드를 추가해 보자.

```
#함수 생성
def calc(num):
    print ('이 버튼은 ' + str(num) + '번 입니다') # 쉘에 표시되는 부분
    if result_label['text'] == '0':
        result_label.configure(text = str(num))
    elif expression_label['text'] == '=':
        result_label['text'] = str(num)
        expression_label['text'] = ''
    else:
        result_label.configure(text = result_label['text'] + str(num))
```

❸ 바인딩

함수와 각 연산 기호와 바인딩하여 연산 기호 버튼을 누르면 saveexpression 함수가 동작하도록 만들어 보자. saveexpression 함수는 뒤에 인자를 받아야 하므로 lambda 표현식으로 바인딩한다.

```
add_btn=Button(right_frame, text='+', width=3, height=2, command=(lambda t='+':
saveexpression(t)))
sub_btn=Button(right_frame, text='-', width=3, height=2, command=(lambda t='-':
saveexpression(t)))
mul_btn=Button(right_frame, text='*', width=3, height=2, command=(lambda t='*':
saveexpression(t)))
div_btn=Button(right_frame, text='/', width=3, height=2, command=(lambda t='/':
saveexpression(t)))
```

위의 명령을 모두 작성했다면 프로그램을 실행해 보자.

잘 실행이 되는가? 실행이 정확하게 되지 않아야 정상이다. 우리가 잊은 것이 있다. 프로그램의 아래에 새로 만든 expression_label을 다음과 같이 패킹해야 한다.

```
right_frame.pack(side=LEFT, expand=YES, fill=BOTH)

expression_label.pack(expand = YES, fill = BOTH)
result_label.pack(expand = YES, fill = BOTH)
```

그리고 다시 실행시켜보자. 이제 제대로 실행되는가?

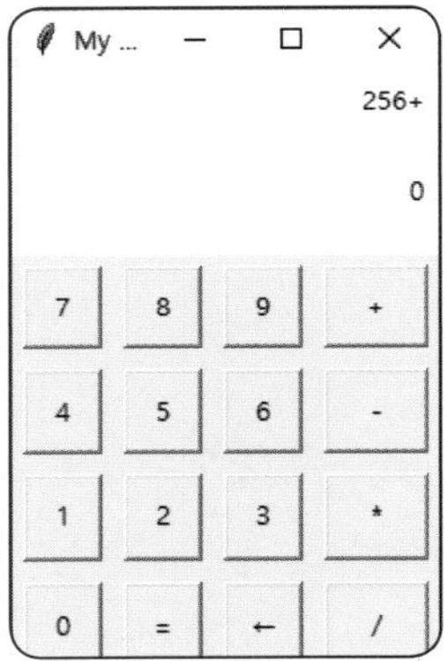

4 두 번째 숫자 입력하기

다음으로는 두 번째 숫자를 입력하게 된다. 첫 번째 숫자 입력할 때의 코드와 다를 것이 없기 때문에 동일한 코드로 입력을 수행하게 된다. 입력이 잘 되는지만 확인하면 된다.
계산기 프로그램을 실행하여 추가로 두 번째 숫자와 연산 기호를 입력해 보자.

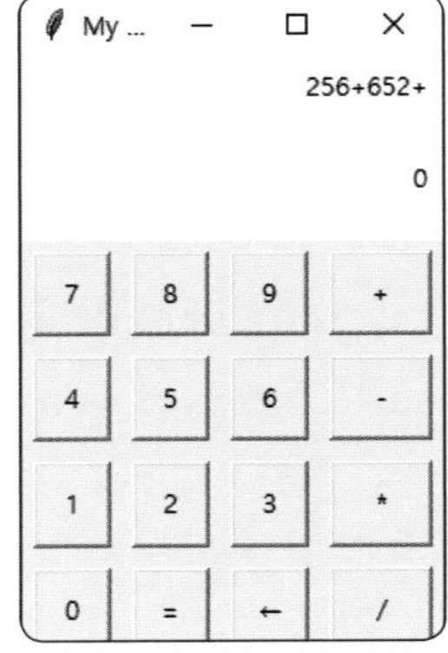

5 등호 기호 입력하기

첫 번째 숫자, 연산 기호, 두 번째 숫자 순서로 입력하였다. 이제 등호를 누르면 두 숫자에 대한 연산을 실행할 수 있다. 등호 버튼을 눌렀을 때 어떻게 연산을 해야 할지 과정을 살펴보자.

1. 등호 버튼을 누르면 expression_label에 있던 수식과 현재 result_label에 있는 숫자를 결합한다.
2. 수식을 계산하도록 한다.
3. 계산 결과를 result_label의 텍스트에 저장하여 결과를 출력할 수 있도록 한다.

이에 따라 우리가 해야 할 일은 다음과 같다.

- 등호 버튼을 누르면 수행될 함수를 만든다.
- buttonequal과 이 함수를 바인딩 한다.

❶ 함수 구현하기

cal_total()이라는 이름으로 함수를 만들어 보자. 이 함수는 등호 버튼이 눌렸을 때 수행될 것이다. 다음과 같이 코드를 입력해 보자.

```
def saveexpression(opr):
    expression_label['text'] = str(expression_label['text']) + str(result_
label['text']) + opr
    result_label['text'] = '0'

def cal_total():
    tempexp = expression_label['text'] + result_label['text']
    print (tempexp)
    result_label['text'] = eval(tempexp)
    expression_label['text'] = '='
```

```
tempexp = expression_label['text'] + result_label['text']
```

- tempexp라는 변수를 만들어서 expression_label에 들어있던 텍스트와 result_label에 들어있는 텍스트를 합쳐서 계산해야 할 수식을 완성한다.

```
result_label['text'] = eval(tempexp)
expression_label['text'] = '='
```

- eval() 함수는 괄호 안에 들어있는 수식을 계산하여 결과를 출력해주는 함수이다.
- eval(tempexp)를 통해 수식을 계산한 결과를 result_lalbel의 텍스트에 저장하도록 한다.
- expression_label은 비워줘야 한다.

❷ 바인딩

여기까지 함수 구현이 끝났으면 이 함수를 등호 버튼과 연결시킨다. 인자를 가지지 않기 때문에 command 명령만으로 다음과 같이 바인딩해 보자.

```
buttonequal=Button(lf4, text='=', width=3, height=2, command=cal_total)
```

이제 최종적으로 완성된 계산기 프로그램을 실행시켜 보자.

최종적인 계산기 프로그램의 코드는 다음과 같다.

```
from tkinter import *

# 창 생성하기
root = Tk()
root.title('My Calculator')
root.geometry('200x300+200+200')

# 프레임 생성하기
mainframe = Frame(root)
top_frame = Frame(mainframe)
middle_frame = Frame(mainframe)
bottom_frame = Frame(mainframe)
left_frame = Frame(middle_frame)
lf1 = Frame(left_frame)
lf2 = Frame(left_frame)
lf3 = Frame(left_frame)
lf4 = Frame(left_frame)
right_frame = Frame(middle_frame)

# top_frame에 레이블 넣기
expression_label = Label(top_frame, text = '', height = 1, background = 'White',
anchor = 'e', padx = 5, pady = 5)
result_label = Label(top_frame, text = '0', height = 3, background = 'White', anchor
= 'e', padx = 5, pady = 5)

# 함수 생성
def calc(num):
    print('이 버튼은 ' + str(num) + '번 입니다.') # 쉘 창에 출력되는 부분
```

```
    if result_label['text'] == '0':
        result_label.configure(text = str(num))
    elif expression_label['text'] == '=':
        result_label['text'] = str(num)
        expression_label['text'] = ''
    else:
        result_label.configure(text = result_label['text'] + str(num))

def delnum():
    i = result_label['text']
    if len(i) == 1:
        print(i)
        result_label.configure(text = '0')
    else:
        result_label['text'] = i[:-1]

def saveexpression(opr):
    expression_label['text'] = str(expression_label['text']) + str(result_
label['text']) + opr
    result_label['text'] = '0'

def cal_total():
    tempexp = expression_label['text'] + result_label['text']
    print(tempexp)
    result_label['text'] = eval(tempexp)
    expression_label['text'] = '='

# 숫자 버튼
```

```
button7 = Button(lf1, text = '7', width = 3, height = 2, command = (lambda t = 7: calc(t)))
button8 = Button(lf1, text = '8', width = 3, height = 2, command = (lambda t = 8: calc(t)))
button9 = Button(lf1, text = '9', width = 3, height = 2, command = (lambda t = 9: calc(t)))
button4 = Button(lf2, text = '4', width = 3, height = 2, command = (lambda t = 4: calc(t)))
button5 = Button(lf2, text = '5', width = 3, height = 2, command = (lambda t = 5: calc(t)))
button6 = Button(lf2, text = '6', width = 3, height = 2, command = (lambda t = 6: calc(t)))
button1 = Button(lf3, text = '1', width = 3, height = 2, command = (lambda t = 1: calc(t)))
button2 = Button(lf3, text = '2', width = 3, height = 2, command = (lambda t = 2: calc(t)))
button3 = Button(lf3, text = '3', width = 3, height = 2, command = (lambda t = 3: calc(t)))
button0 = Button(lf4, text = '0', width = 3, height = 2, command = (lambda t = 0: calc(t)))
buttonequal = Button(lf4, text = '=', width = 3, height = 2, command = cal_total)
buttonbackspace = Button(lf4, text = '←', width = 3, height = 2, command = delnum)

add_btn = Button(right_frame, text = '+', width = 3, height = 2, command = (lambda
t='+': saveexpression(t)))
sub_btn = Button(right_frame, text = '-', width = 3, height = 2, command = (lambda
t='-': saveexpression(t)))
mul_btn = Button(right_frame, text = '*', width = 3, height = 2, command = (lambda
t='*': saveexpression(t)))
div_btn = Button(right_frame, text = '/', width = 3, height = 2, command = (lambda
t='/': saveexpression(t)))

# 프레임 패킹
mainframe.pack(expand = YES, fill = BOTH)
top_frame.pack(expand = YES, fill = BOTH)
middle_frame.pack(expand = YES, fill = BOTH)
bottom_frame.pack(expand = YES, fill = BOTH)
left_frame.pack(side = LEFT, expand = YES, fill = BOTH)
```

```
lf1.pack(expand = YES, fill = BOTH)
lf2.pack(expand = YES, fill = BOTH)
lf3.pack(expand = YES, fill = BOTH)
lf4.pack(expand = YES, fill = BOTH)

right_frame.pack(side = LEFT, expand = YES, fill = BOTH)

# 레이블 패킹
expression_label.pack(expand = YES, fill = BOTH)
result_label.pack(expand = YES, fill = BOTH)

# 버튼 패킹
button7.pack(side = LEFT, expand = YES, fill = BOTH, padx = 5, pady = 5)
button8.pack(side = LEFT, expand = YES, fill = BOTH, padx = 5, pady = 5)
button9.pack(side = LEFT, expand = YES, fill = BOTH, padx = 5, pady = 5)

button4.pack(side = LEFT, expand = YES, fill = BOTH, padx = 5, pady = 5)
button5.pack(side = LEFT, expand = YES, fill = BOTH, padx = 5, pady = 5)
button6.pack(side = LEFT, expand = YES, fill = BOTH, padx = 5, pady = 5)

button1.pack(side = LEFT, expand = YES, fill = BOTH, padx = 5, pady = 5)
button2.pack(side = LEFT, expand = YES, fill = BOTH, padx = 5, pady = 5)
button3.pack(side = LEFT, expand = YES, fill = BOTH, padx = 5, pady = 5)

button0.pack(side = LEFT, expand = YES, fill = BOTH, padx = 5, pady = 5)
buttonequal.pack(side = LEFT, expand = YES, fill = BOTH, padx = 5, pady = 5)
buttonbackspace.pack(side = LEFT, expand = YES, fill = BOTH, padx = 5, pady = 5)
```

```
add_btn.pack(expand = YES, fill = BOTH, padx = 5, pady = 5)
sub_btn.pack(expand = YES, fill = BOTH, padx = 5, pady = 5)
mul_btn.pack(expand = YES, fill = BOTH, padx = 5, pady = 5)
div_btn.pack(expand = YES, fill = BOTH, padx = 5, pady = 5)

root.mainloop()
```

Python Programming
터틀부터 게임 개발까지

2019년 3월 20일 초판 1쇄 인쇄
2019년 3월 30일 초판 1쇄 발행

책을 만든 사람들
집필 | 이영준 이은경 최정원 안상진
기획 | 정보산업부
진행 | 신지윤
표지 및 본문 디자인 | 안유경

펴낸곳 | (주)교학사
펴낸이 | 양진오
주소 | (공장) 서울특별시 금천구 가산디지털1로 42(가산동)
(사무소) 서울특별시 마포구 마포대로14길 4(공덕동)
전화 | 02-707-5312(편집), 02-839-2505(주문)
문의 | itkyohak@naver.com
팩스 | 02-707-5316(편집), 02-839-2728(영업)
등록 | 1962년 6월 26일 〈18-7〉

교학사 홈페이지 | http://www.kyohak.co.kr

이 도서의 국립중앙도서관 출판예정도서목록(CIP)은 서지정보유통지원시스템 홈페이지(http://seoji.nl.go.kr)와 국가자료종합목록시스템(http://www.nl.go.kr/kolisnet)에서 이용하실 수 있습니다. (CIP제어번호 : CIP2019006157)